愛情的，紅綠燈

影像製作

監督 陳正道

攝影 文琡惠 http://honeystar.pixnet.net 鄧佩茹 http://www.flickr.com/photos/iden13/

協力 許佳真 **造型** 謝宜珊 **化妝** 徐敏修 **演出** 路嘉欣 林尚緯 薛光富 許乃中 李明緯 劉威廷 李蘋容 章竣傑 陳羿君 許喬雯 蔡沛倫 呂欣諭 謝聖芬 邱丹雅 張宇心 陳彥杞

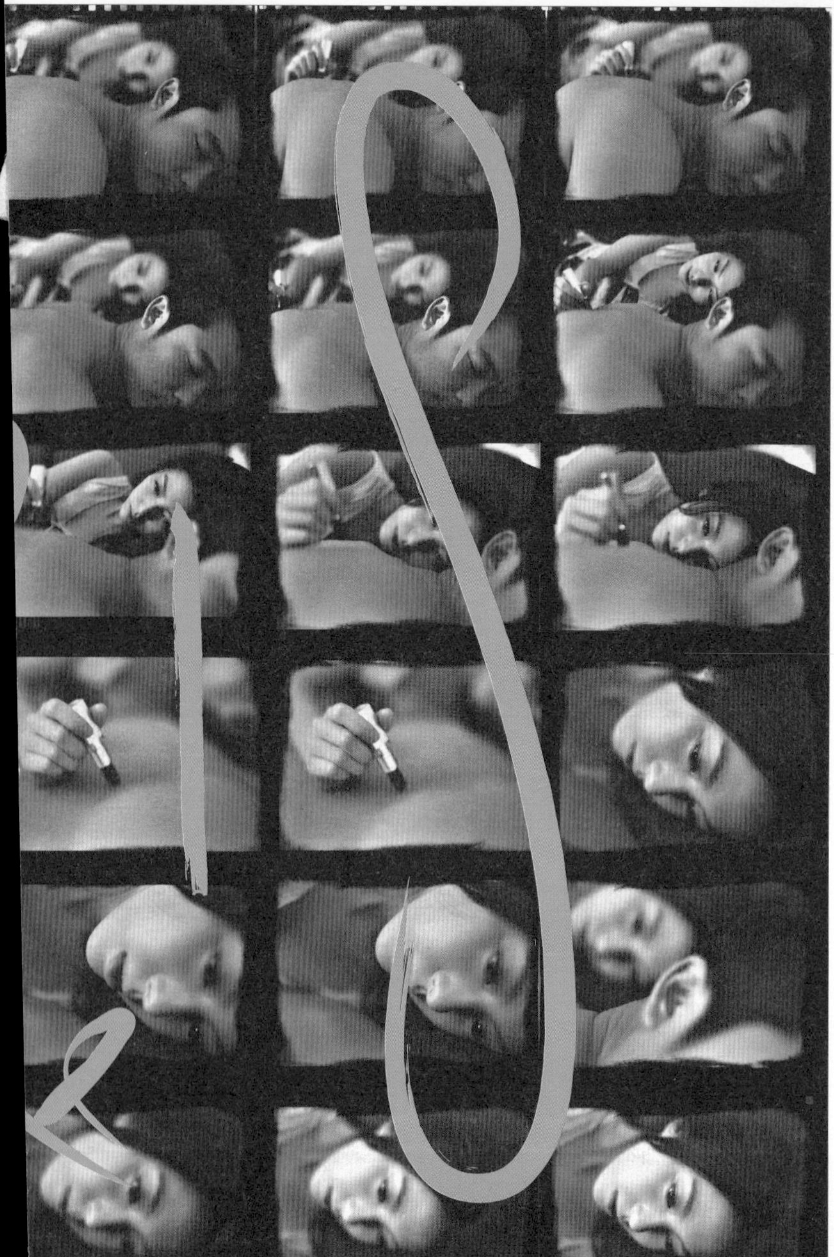

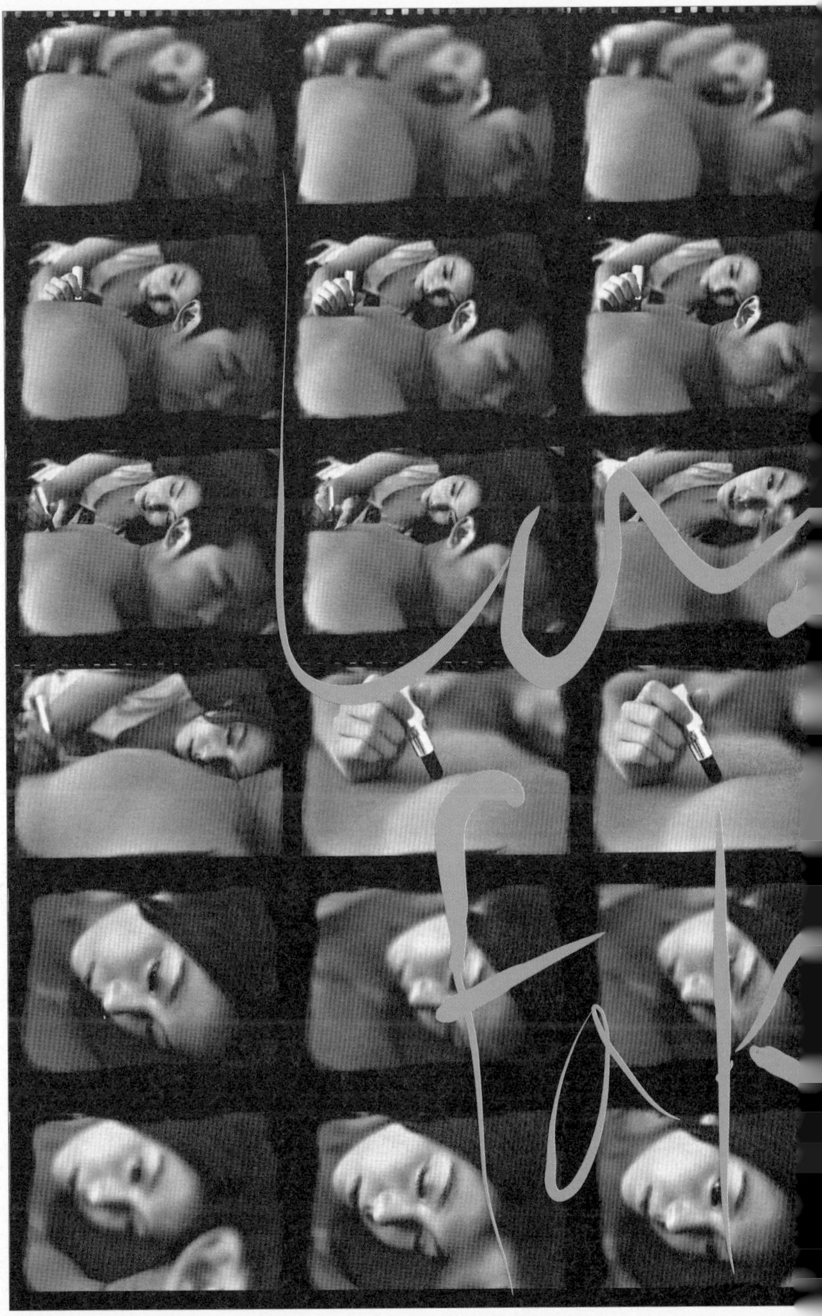

自序【關於，愛。定格】

「心」與「愛情」的定格
【不完美，才是完美】

這一次，就繞過愛情的背面去看看吧……。

二〇一〇年，還好，我們現在都知道了，王子和公主，不一定都能從此過著幸福快樂的日子。我們不是看不見，而是沒有那勇氣去看見。

不一定要讓愛一直往前走，或許給自己一些勇氣，將自己的心定格，在每一個靜止的時間、空間中，看看愛情的各種面相，我們會發現更多，體會更多。

因為失敗，所以教訓；因為挫折，所以成長。沒有人不希望在愛情的路上，一路走來，永遠平順，只是在幸福達成的背後，走過了多少的路，嚐過了多少的苦，受過了多少的痛，都該好好記住的。畢竟，如此的幸運兒不多。

這本書，所有的故事，都不一定是有著美好結局的。事實上，也都沒有所謂的結局。愛情啊，它有趣的地方，不也是在這兒嗎？

你以為愛是什麼？答案，你會找到的。我們都會找到的。

【當幸福寫手進入了盛夏光年】「畫面」與「影像」的定格

當電影「盛夏光年」導演陳正道看完這本書，腦海中湧現了許多畫面。短短的故事結構，雖不及電影龐大，但有太多章節，是讓正道有所感覺的。

因此，呵小宏的文字，將藉由陳正道的鏡頭，定格後，變成一張張動人的影像。這不是電影小說，卻要以電影劇照的手法呈現，對兩 個人來說，都是一大挑戰，也是彼此激出的火花。

「不但要留下燦爛，更要令人深刻！」這是兩個人共有的目標。

對於陳正道天馬行空的想法，呵小宏不但欽佩，更是信心十足。這將會是一本充滿「冒險」歷程的作品，兩造衝擊下的驚喜，更開拓了愛情另一番的視野。

準備好了嗎？跟著呵小宏和陳正道，一同在愛情裡探險吧！

Contents
目錄

b

如果恨不算愛，那算什麼？

c

愛的度量衡，只是自己以悲傷做單位的正負值罷了。

f

End

a

愛，永遠是謎，沒有所謂的真相。

追求愛情真相的人，往往也是心死的最快的那個人。

愛情　就是一個難解的密室殺人

說了聲再見，我從你的住處離開。我知道，這又是一個失敗的戀情，也是一個結束。我似乎應該習慣於這種，幾個月短暫的感情生態。我知道自己的條件不好，能夠認識你，已經是我莫大的福分了。更何況，我似乎該感謝，你給了我一小段的幸福。

我是一旦認定，就全心投入的人。有人說我笨，應該慢慢將感情放下去，不要一股腦兒全都給了對方。感情不就該這樣嗎？我一直是這樣想的。但現實中，好像又真的是如此。我遇到的每個人，都在相處中不斷試探，不斷適應，直到確定對方真的是自己想要的，才會開始投入。曾幾何時，感情是必須要像投資一樣，這樣評估、這樣觀望的了？我突然覺得，愛情這檔事，有些可悲了。到頭來，受傷最重的，永遠是自己。

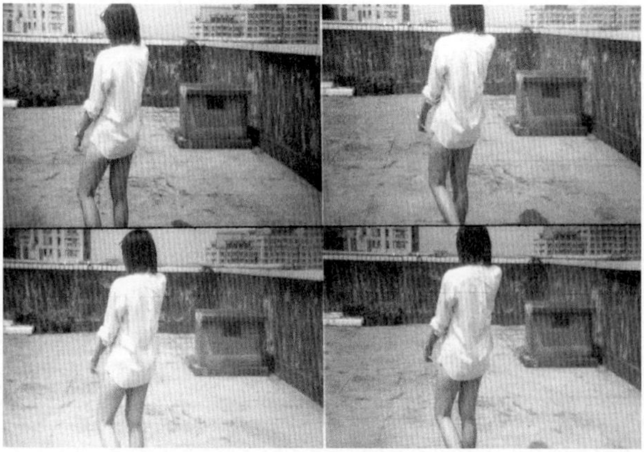

這一次，偏偏讓我遇到你，讓我如此深愛的人。我以為，我遇到了一個可以託付的人，可以從此過著幸福快樂的日子的人。很遺憾，我還是錯了。我沒有想到，你的感覺，來得快，去得也如此迅速。當我以為我重生的時刻，立即又被宣判了死刑。

我感覺到，我總是困在這愛情的密室裡，不斷地死而復生，也不斷地再被謀殺。這密室裡，沒有窗，透不進一點陽光，只有兇手和我的獨處。最後，兇手無聲無息的逃脫，只剩我這顆死了的心，留在現場。

我試圖解開這密室殺人之謎，但沒有線索，甚至近乎於「完全犯罪」的完美藝術，是我該埋怨自己的能力不足，或是該誇讚兇手的計謀太過精妙？

我得承認，現階段的我，是解不開的。

我無法看開你用「感覺消逝」做理由，而結束了我和你可能的未來。我無法看開你所有當下的承諾和甜言蜜語，都成了最鋒利的凶器，一刀一刀劃在我心口上的痛楚。我的確學不會豁達，我的確什麼也看不開。

我想起過去，每一個曾說過愛我的人。諷刺的是，在每一次感謝之後，我卻沒有因此有所獲得。可憐的是，我竟連恨，也不知從何恨起。若真要恨，就恨我這對愛的傻勁吧！

既然難解，甚至無解，我想就讓它，成為懸案吧！直到，真正的幸福出現，告訴我，誰才是真正的兇手吧！

總貪戀　最後一個擁抱

「可不可以，再抱我一次？最後一次，好不好？」在這做出決定的時刻，這是我最後的希望。

感謝你的體諒，緊緊地再擁抱了我這一回。鬆開手，我知道，也是結束的時候了。

我以為我可以，畫下個完美的句點，在你離開我之後。不到一天，我發現，那個擁抱，竟成了我最放不下的包袱。是怪我太愛你嗎？那個擁抱依然很暖，我和你的距離依然很近，就算你說，你已經不再愛了，失去感覺了，對我來說，什麼也沒有改變。如果沒有那個擁抱，說不定，我會比較容易接受，必須失去你的事實。

原來，「知道」和「做到」的距離，竟是那麼遙遠。

我好想，再讓你擁抱一次。就算從此死去，我也心甘情願。但，我失去了你的消息。你的手機、MSN，都再也收不到你的訊息，也無法傳遞我渴望的心情，讓你知道了。

再這樣下去，我可能會發瘋。如此深愛一個人的結果，發現原來，你愛我並沒有那麼深。當我無力回天，我除了放你自由，沒有別的路走。所以，那個擁抱，我當成一個紀念，一種懷念。想不到的是，它竟也變成了，我最放不下的因子，不斷提醒著我，那有多麼溫暖。

可憐的是，我卻恨不了那個擁抱。它如同我呼吸的空氣般，缺少了，就要讓我窒息。那是戒不掉的癮，毒素深深地隨著我的血液流動，抽離不了，直到乾涸。

「可不可以，再抱我一次？最後一次，好不好？」我多想再請求你，多想再告訴你這句話，希望你再憐憫我，再解救我一次。自尊不要了，面子不要了，我什麼都不要了，我只要，你的擁抱。

你想結束，你也的確結束了。我想結束，卻竟是另一個煎熬的開始。我知道時間能治癒一切，但少了你的擁抱，我還能撐到治癒的時候嗎？

我發誓，最後一次，最後一次了。

我在你心裡，比在你懷裡重要！

相隔兩地，我們的愛情，是需要經過更多考驗的。約一個月見一次面，每一次都如乾柴烈火般，激烈而不捨。我們都希望能多陪陪彼此，只是現實的因素，我們必須暫時接受這樣的相處模式。這也是我們願意的。

你曾對我說：「我在你心裡，比在你懷裡重要！」這句話是肯定的，也是一直以來支撐著我的力量。我堅信，只要愛得夠深，距離絕不是問題，那是彼此心中一個努力的目標，因為將來，必定還是要生活在一起的！

我信守著這樣的理念，等待著每一次我們相逢的時候。朋友說，現代人大概很少像我這樣傻的吧！我不認為那是傻，而是雙方對愛的承諾與執著。守了許久，直到……。

直到，我撞見那人在你懷裡的那一天……。

「當他在你懷裡時，我在不在你心裡？」問完這句話，我隨即離開。我不想知道答案。若是在你心裡，他又為何在你懷裡？若不在你心裡，我的存在不就更是諷刺？無論是哪一種，都會讓我覺得，「我在你心裡，比在你懷裡重要！」這句話，原來跟屁一樣。

這是從天堂掉到地獄的感覺。原本是立在我心裡的牌坊，突然間倒了。我以為正確的，現在全都是錯的。是我沒有分辨是非的能力，還是你的手段太高明，用一句話就能將我牢牢綁住？

回歸現實吧！我終於知道，能在懷裡的，才是真的。在心裡的，誰也看不到，也摸不著，天知道有幾分虛實。至少，碰觸得到的，能感受體溫的，才有真實感和存在感。

可惜的是，我永遠沒辦法知道，自己是不是真的在對方心裡。有誰可以大聲的說，我可以知道對方有沒有把我放在心裡？推敲之後，大概是自己騙自己的成分居多。畢竟沒有勇氣去面對真相，只好不斷地安慰自己，「我在你心裡」、「我是在你心裡的」。

可笑極了。我笑自己很笨。竟然如此奉為圭臬，原來只不過是惡魔的呢喃，催眠著自己罷了。無論你在我心裡或是在我懷裡，可以確定的是，你不會在我這裡了。

承諾　是最容易脫口而出的謊言

我們都不喜歡別人說謊。尤其是在愛情裡。可，總有我們願意相信的謊言，而且竟是心甘情願。

「相信我，我會這樣愛你，到永遠。」嗯，這句話很通俗，但對戀愛中的人來說，卻如同魔咒般，不自覺地就選擇相信。不，連選項都沒有，連懷疑都沒有，是直接相信的。

所以，因為愛，所以相信。

「你會離開我嗎？」「不，就算你把我推開，我一樣不離開你身邊。」是的，你答應過我的，不會離開我。你回答的很自然，或許你是幸運的，因為到最後，是我選擇離開你。

「我絕對不會欺負你，傷你的心。」你說的如此肯定，是牢不可破的，是不被推翻的。很遺憾，這一次，你真的把我的心傷得很重。重到，我連療傷的本能都放棄了。

「在我眼中，全世界只有你最好，是無可取代的。」的確，那是在你眼中，但在你心中，似乎並不這麼想。隨時都有人可以取代我，在這世界上，對你來說，比我好的太多太多了。

「你就是讓我疼的，讓我寵的，不是嗎？」我覺得，「不是嗎」這三個字相當有意思。因為原來，答案是要我自己填上的。我好像無法判斷，這是肯定句，還是疑問句了。

還有太多太多，都是你所謂，答應我的事。那是你對我的承諾，對愛的承諾，卻不是對你的承諾。諾言，輕易就能許下，正因為輕易，所以也容易變成謊言。一線之隔，愛，與不愛的那一條線。

能脫口而出，是因為我們存在同一個愛的氛圍，所以我們都知道，想說些什麼，想聽些什麼。明知是如此的不切實際，卻深信不疑。

證明了，愛，才是最大的謊言製造所。

只能怪，我們失去了判斷的能力，但這是合理的。誰會在愛裡保持理智呢？那樣又怎能是愛呢？矛盾，矛盾啊！無論如何，結局既然是如此，是承諾、是謊言，也都不重要了。在愛裡說謊的人，終究會無罪釋放。而我，又能怎樣呢？

變

我一直覺得，自己的條件不好。

我想，會受到歡迎的男人，應該是有個性的、體格壯碩的、運動型的性感男人。嗯，留些鬍子，應該會更有魅力。決定了，就這麼辦！到時，我一定是BAR裡全場的焦點之一，我很期待那樣的日子，早日到來。

所以，我開始了改造計畫。無論是體裁、容貌，我都開始好好的鍛鍊，我要讓自己，吸引到更多更好的人。

終於，花了許多的努力和時間，幾年之後，我終於成為了自己喜歡的樣子。

事實上，我當然也是為了那個，我心儀已久的人。希望我的改變，能夠打動他。也終於，我們在他常去的夜店裡相遇，他的目光，終於停留在我身上了。

對我而且，這真是個好的開始。

在還沒有改變之前，我也曾經向他告白。但得到的回應卻是，「很抱歉，你不是我喜歡的型。」聽到他這樣拒絕的話，我的心的確受了很重的傷。我是那麼的喜歡他，雖然表白之前，我也知道會有這樣的結果。但，我還是以為自己可以面對。只可惜，我還是做不到。

如今，我改變了，我變成了這樣一個有魅力的人，有了他注意的眼神，我的內心，已經編織出許多美好的未來了。

但，令我想不透的事情發生了。自從那一次之後，他並沒有如我所願地，走近我身邊。別說是一句話，就連一個笑容，他也沒有給我過。我也嘗試著，主動和他接近，但我得到的，總是和他眼神交錯後，他立即閃躲的回應。

我真的不懂，到底是為什麼？我已經做了這麼多的改變，圍繞在他身邊的，也都是和我類型差不多的，為什麼就獨獨不被他青睞？

我決定，鼓起勇氣去問他。我真的很怕，會得到什麼樣的回答。我還是決定，迂迴一些，透過朋友，我得到了答案。

原來他不喜歡的，是我的人，而不是我的型。原來，我再怎麼改變，也得不到我想要的。

多麼諷刺的一種改變。或許其實，我從未改變過什麼……。

危險

當我的唇靠近你時，你不加抗拒地閉上雙眼，接下來，我們都成為彼此的。我感受到你的貪婪，更樂於分享我的渴望。的確，我們都滿足了彼此。

「天亮再走吧！」我靠在你的身邊說著。你點點頭。

「你的確很迷人，迷人的，很危險。」你笑著說道。「或許吧！」我冷冷地答道。

不只是你，許多人都這麼說過。只是，「危險」的定義在哪？為什麼會覺得我危險？或許是你願意涉險，願意挑戰，想要征服。人嘛，總有冒險犯難的精神，不是嗎？也或許，你可以從中得到成就感，可以得到滿足，越難得到手的，你越想得到。你們都是如此。「快樂險中求」，是的，我們都一樣，只是，你們對我來說，卻不具危險性。

有什麼危險？冒著「偷吃」、「背叛」、「不貞」的字眼，畢竟，我不會是你「正統的」枕邊人，你必須有能力承擔這些風險，我是無所謂，但這些危險，都是你創造的。

之所以危險，只是因為，你是期待被我侵犯的！

因為有期待，所以被慾望牽引。肉體的牽引只是開端，隨之而來的，將會是更澎湃的故事情節。肯定的是，必定精采萬分。我們都不是甘於平淡的人，所以需要火花，需要熾熱，需要燦爛。

供需理論，我有你需要的，我也可以供給給你，只是有那麼多的選擇，你選擇了風險高的來提供給你，自己的選擇，我尊重。

但，若因危險造成了傷害，請你自己負責。因為是你讓我，成為了危險的因子。當你擁抱我的那一刻，就是這場遊戲的開始。贏要贏的HIGH，輸也要輸的起，那麼，我會很欣賞你。反之，我會很看不起你。

玩不起，記得，請不要玩。並非我不負責任，而是責任不在我。這是事實。

出來跑，總是要還的！

有一些回憶和往事，是很難忘記的。怕的是，那是「我的」回憶，而不是「我們的」。時間久了，許多事情都會改變。有時會忘了一些事，忘了一些重要的事。

「好久不見了！」我在 MSN 上熱情地問候著。的確，掛在線上好長一段時間，已經都忘了有多久，沒有聯絡互動了。我們曾經是那麼的好。

「是啊！最近好嗎？」我們寒暄了幾句，很高興，你還記得我。我想，大家都忙吧！所以聯絡少了，互動少了，感情，不知道會不會因此而減少？

說起以前聊過的話題，可能是時間久了，你似乎有些想不起來。我試著將心情放輕鬆，打趣地說著：「我們還曾經在視訊上袒裎相見呢！」

「有嗎？我怎麼都不記得？有發生過嗎？」這句話，讓我心裡震了一下。你極力否認，甚至，問我是不是記錯了。我怎可能忘？那並不是什麼光彩的事，正因為私密，所以更深刻。尤其是與你，那是多麼重要的回憶！

「你還說過我很可愛，說過很希望我多陪陪你的……。」就算我用力地回想，用力地打出這些字句，但你依然告訴我，沒有任何印象。在電腦這一端的我，感覺是相當沮喪的。

我這時才知道，原來，那是一段，你不要的回憶。

或許，你現在幸福了，擁有了許多的快樂。但，原來我的存在，只存在在當時的，僅屬於你的時光。現在的我，並不存在，存著的，只是一個名字。

我該負責什麼樣的傷感？而你，竟然能將故事煙消雲散，不需要結局似的，劃下你自認完美的句點。而我擁有的，只是一個大大的問號。

停頓了片刻，我打了一句：「出來跑，總是要還的。」

我無意識地打下這句話，但我很確定地，告訴自己，你是欠我什麼的，該還我什麼的。我不能是這樣無故消失的，用橡皮擦輕輕就能擦去的，連痕跡都不留的。你不再回應，因為我知道，既然是你不要的回憶，也沒有回應的必要了。誰欠誰還，我只是要討個公道。只是，我不知道，這該向誰去討了。你覺得平淡的，對我而言，卻已經烙印了。你不懂，永遠不會懂。

捨不得刪去的一切

這個夜晚，寂靜地令人害怕。一點聲音，都放大成在耳邊的轟隆巨響，重擊原本傷痕累累的心房。

傷痕，是因你而起的。

傍晚下班時，當手機電話簿裡，又翻閱到你的名字，我的心，又不覺震了一下。那都是因為你離開我後，留下的唯一紀念品——「痛」。

同事告訴我，刪了它吧！我提起了那一點點勇氣，按下了刪除鍵。同一秒鐘，我已經開始後悔了。

還找的回來嗎？我不知道。但我腦中，已經開始在找尋，救回的方案。

苦思了許久，實在沒有任何電話的備份，我只好在當下放棄了。事實上，我還在猶豫，那早已輸進我腦袋瓜裡的號碼，是否還是要重新，輸進手機裡……。

回到家中，打開電腦，桌面上的合照，又讓我熱淚盈眶。室友告訴我，就刪除了吧！換成一張美麗開闊的風景照，會好一點。又是那一點勇氣，我將電腦裡，所有與他的合照，全數刪除。

按下刪除鍵的那一秒，同樣的，我已經將游標移到資源回收筒，一旁的室友，搖搖頭示意，要我不要這麼做。只好，清理資源回收筒。

打開 MSN，你仍在線上，看見你的暱稱打著：「自由的開始」，突然間，像是世界在此時全都背棄我一般，感到多麼無助，莫大的傷感，填滿我所有思緒。

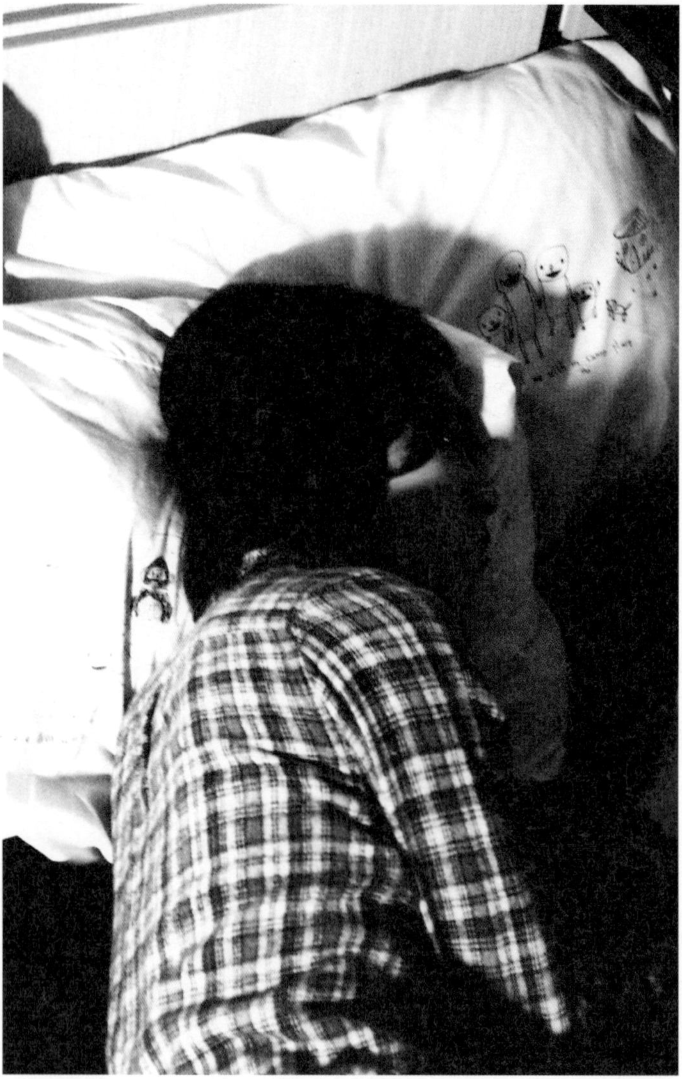

「那麼，也封鎖加刪除吧！」一個聲音這樣告訴著自己。

我很想這麼做，但一直按不了的滑鼠鍵，我只要那一點點力量就好，我想我就能做到……。

或許，你「自由的開始」，也是我「自由的開始」吧！

這個念頭，讓我又勇敢了一些。我，做到了。雖然，我是有多麼的捨不得。另一個我，在朋友的 MSN 上問道：「你可以再給我一次他的 MSN 嗎？」

我知道這句話不應該出現，但它還是出現了。所幸，朋友拒絕了，他們都知道，我應該，真該斷的一乾二淨。

我只打了一句謝謝回應，但我和自己的爭戰，的確還沒結束。

這個夜晚，依然寂靜地令人害怕。怕的是，刪了你，還是刪不了你？

誘導愛情

從餐廳裡出來，風有些大，你將外套披在我身上。「謝謝你的外套，我真的覺得很溫暖。」我對他笑了笑，「我就知道，你捨不得我冷。」你沒說話，但從你臉上的表情，我知道你是開心的。

認識你之後，我每天都過得很幸福。無論你工作多忙碌，一定會接我的電話，也會回我的簡訊。你的體貼，我想就是讓我如此迷戀的原因。回家後，見你在MSN上出現，我總是迫不急待想趕快問問你，今天過的好不好。

只要你有空，我一定出現在你身邊，讓你的生活中，因為我而充實、而愉快。你說我也是個體貼的人，這句話，就足夠我在心裡暖好久了。

「如果我被欺負了，你會怎麼樣？」我故意這樣問著。我也知道你的回答，如我想的一樣，「當然是幫你欺負回去啊！」牽著你的手臂，真是有十足的安全感。「我就知道你疼我，呵呵！」

你的確對我很好，雖然有點憨厚，也不夠主動，但正是我想要的模樣。我習慣將心事告訴你，你也很有耐心地聽著我說。你總是拍拍我的肩膀，要我寬寬心。這樣的溫柔，我也一定回報更多給你，因為你值得。

每當我不開心，你總是說：「我希望你是開開心心的，這樣身邊的人才會跟著開心。」所以為了你，我總要努力讓自己開心起來。

「如果要選個伴，你會不會選我這樣的啊？」我故意這樣問道。「你這麼好，誰選到你，都是很幸運的！」看你笑著，我也用微笑回應，「我知道你一定會選我的，不准反悔唷！」

這一天，我們一起吃完飯後，你對我說：「有人說，我們在一起了。」我聳聳肩，「管人家怎麼說，我們本來就是在一起了，不是嗎？」

你的表情變得凝重，是我從沒看過的表情。「我想，有些事是該跟你說明白些好。」我放下手邊的杯子，想聽聽你要告訴我什麼。

「我一直把你當成好朋友，甚至是親人看待，所以當然會關心你……。」不等我開口，你繼續說道，「這段時間，你讓我感覺，好像一直用著許多行動和話語，催眠著我們的關係。更讓我覺得，我是一步步被你牽引著，進入你所謂的愛情之中。只是，我發現，我實在無法進入你愛情的世界裡……。」

我不發一語，默默聽著。「對不起。別想太多，好嗎？」

你說完這句話，也默默地離開。此時，全世界的空氣，都凝結了。留下僵硬的我，傾聽著無聲的悲傷。

最後一件事

一開始，你並沒有告訴我，我介入了你們原本的世界。

我以為，是我和你單獨的兩個世界，即將合而為一。

我錯了，而且錯的很徹底。

明明，我就在你的身邊，你卻能和他在電話中，自然地甜言蜜語。掛上電話後，還能回過頭摟著我。現在，我已經不願意，成為這樣的角色了。

因為我的不願意，你將我的手推開，擁抱結束了，親吻消失了，感覺死去了。終於，我不再掙扎，我決定抽離你和他的世界。是的，是很痛。但我不得不做。

記得你第一次見到我，騎著機車怕我冷，將我的手拉進你的大衣口袋裡，沉默，是溫柔開始的證明。而你送我離開的那個早晨，沒有對話的早餐，沉默，是感情結束的證明。

經過了一段自我的拉扯，甚至一度不想眷戀生命，那樣的過程，當然也只有自己知道。你依然過著自己的生活，毫無感覺地，迅速地遺忘我的存在。

聖誕節，我答應過你，要送你個聖誕禮物。天氣很冷，午夜三點，我來到你家樓下，準備將這小小的禮物，放到你的信箱之後，我就會靜靜地離開。

知道你總是工作忙碌，有時忘了吃飯，但還是要補充點能量，我放了一盒巧克力。

知道你浴室裡沒有掛衣服的地方，我放了盒小掛勾。

知道你容易流汗，我放了條小手帕給你。

知道你電視遙控器沒電了，所以我放了一盒新電池給你。

知道你愛聽的那張 CD 刮傷了，所以我也放了一張新的。

知道你皮膚到了冬天容易凍傷，所以放了一小罐綿羊霜。

其實，還有很多我想放的。

但已經為你做了太多，未來的，你也不會缺了。

就當這份禮，是我為你做的，最後一件事吧！做完後，我的世界和你的世界，再也無關了。

很冷的夜，眼淚在我的臉上，更顯得冰涼。當時你給的溫暖，如今也都成了霜雪，將我的心凍結了。

b

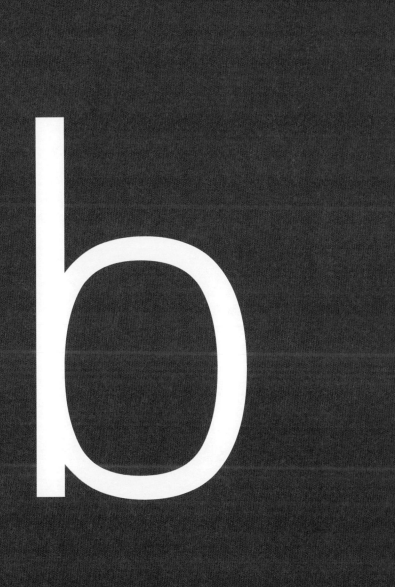

如果恨不算愛，那算什麼？

頂在自己太陽穴的那把槍，扣下板機的那一刻，愛恨才會握手言和。

你 是我的！

那一個下午，真的很美好。

在你懷裡，真的捨不得離開。你的溫柔、體貼和保護，不斷說著有多喜歡我，得來不易的時間，得來不易的相處，此時此刻，你是我的。我們合拍了許多照片，很甜蜜，也很開心。那是我最重要的紀念。

傍晚，你不得不離開，既然要到同一個地方，我們就一起走這一段。在你身邊，我感到無比的快樂，和滿滿的幸福感。

就算，我知道你要回到他身邊。

後來的日子，除了你的忙碌，我知道，由於另一半管的嚴，你也不方便抽出時間見我，甚至，連電話都不方便接。漸漸地，我的等待隨著時間流逝，是灰心，是失落，但我不會忘記，當時你對我的好，我仍舊願意相信著。

一年、兩年的時光，過去了。甚少有你的消息，你也從不曾主動回應我。終於，一個偶然的機會裡，我認識了你的另一半，也和他成為了好朋友，直到，我發現，原來，就是他。就是他，讓我無法擁有你。

但，我不怨他，畢竟，那本來就不該是我擁有的。

也因為如此，終於，我們有機會再見到面，許久不見的心情，三個人共桌的情景，對我來說，複雜而悸動。

你出奇的冷靜，冷靜到有些冷漠，談笑間，我無時無刻地感受到，你刻意的保持距離。當然你可以很放心，因為我依然會把戲演好，就算，他緊握著你的手臂，就算，你體貼地將菜夾給他，就算……。

他的眼神，很幸福，很甜蜜。當他開心地與我交談，那眼神，殺傷力十足。那是炫耀嗎？是示威嗎？是在宣告，你是他的，誰也搶不走？

我努力不讓自己坐立不安，我也不是沒有這本事和氣度，要演，也要演的精采，演的完美。終於到了曲終人散的時間，望著你們離開的背影，我發現，我開始恨你了。

你曾在先前的簡訊裡，要我原諒你的不負責任。我當時選擇了原諒。現在，你讓我有了恨你的感覺。

回到家中，我再次翻出了當時我們親密的合照，我依然相信，那都不是假的。你，是我的！這場爭戰，我決定，從現在才開始。就算是，我對你無情無義的最好回報吧！

為什麼要祝福你們？

我失去你的原因，是因為他的出現。

你覺得，他比我更體貼。你覺得，他比我更懂事。你覺得，他比我更成熟。甚至，你覺得他比我更愛你。

很遺憾的，我全部不予承認。

我的工作的確忙碌，所以沒有太多時間可以陪伴你。但，那都是為了我們的將來啊！沒錯，他勝過我的，就是時間比我多。

所以你快樂時，有他陪你；你傷心時，有他陪你；連你想交換體溫的時候，都有他陪你。

我不禁要問，我算什麼？

你說你可以體諒我的忙碌，會默默的支持我，要我不要擔心。我就是因為不擔心，所以才造成今天的傷心。

你說愛不用天天黏在一起，給彼此空間是正確的。只是你自己給的空間，已經大到我坐飛機都追不上的境界。

我不愛你嗎？我就是太愛你，所以什麼都依你，什麼都順著你，所以連他都能夠輕易接近你。最後，你還要我因為愛你，祝福你們幸福快樂。

試問，我為什麼要祝福你們？你們會不會太自私了？你們的幸福甜蜜，會是我的痛苦哀戚。你們牽著手的模樣，看在我的眼裡，更是如萬箭穿心。他奪走了我的一切，我的最愛，我的付出，全部都成為白費。

我當然希望見到愛的人快樂，但那快樂如果不是我給的，又有什麼意義呢？對不起，我沒那麼偉大，我不信有「成全」這回事。幾年來的感情，原來不是我的，是你們的。我見識到了，愛最殘忍的一面。

這是你留給我的，最痛的禮物。我只想問問你們，我，又該怎麼辦呢？

得不到你的心，也要得到你的人！

今夜的小酒館裡，我陪著你喝著酒。很明顯地，你的笑容不見了，表情也相當沉悶。我知道，你為了感情的事難過著。我也一如往常地，這樣的陪你。只是這一次，我感受到你莫大的痛苦。

「為什麼？我已經做了那麼多，他還是不在乎？難道我的付出，都沒辦法感動他一點點嗎？我那麼愛他，他都感受不到嗎？我不甘心，我不甘心……。」

你一杯接著一杯的喝著，毫不猶豫。我聽的出你的憤怒，你的無奈，但也能感受到，你愛他愛的有多麼深。

「我犧牲了那麼多，我得到了什麼？什麼也沒有！如果真的是這樣，就算得不到他的心，我也要得到他的人！」

聽你說完這句話，真讓我心頭一驚。我很不希望你有這樣的想法，但現在的你，應該也聽不進我任何的勸，我也只好繼續靜靜地陪伴著你。

你真的喝多了，已經語無倫次，也站不穩了。只好將你扶起來，還好離你住的地方並不遠，也只能先將你送回家了。將你吐了滿身的髒衣服換下，靜靜看著你，實在有些心疼。我想我喝的也不少，有些暈眩，也只好趕快上床休息。

天亮了，我起身將衣服穿上，掩住我赤裸的身子。你也恰好醒來了，靜靜地看著我。

「你得到了。」這是你說出的第一句話。我不發一語，心裡有數。

「謝謝你總是陪我，明知道我不可能喜歡你，但現在，你雖沒有得到我的心，卻至少得到了人，也算是種補償吧！你的確等到了。」你的語氣和緩而平靜。

我不否認，這的確是我想要的。只是在一切實現而且識破的當下，我的心裡，失落更多。

「是我要謝謝你。」我點起了一根菸。「我懂你對他的愛，無論你昨晚說的是不是真心話，我只能說，得到了人，不見得比較快樂。」

我們沉默了許久，直到我離開之前，我說了最後一句話。

「至少，我不快樂。」

關上門，我沒有回頭，也沒有抬起頭。這才明白，這份愛讓我得到的，原來遠不及我失去的。

愛，都是假的！

他說，「我願意放棄我到南部升職的機會，希望留在北部與你交往。」

我的確很感動，不過大概是自己的個性使然，我對於這句話，必須保留。我心裡有許多疑問。你真的認識我了？真的了解我了？還是因為一時的氣氛？或是我目前仍能吸引你的容貌？或是，從我身上，你想得到些什麼？

然後，我選擇了不主動，低調的回應一切。他似乎也感受到了我的猶豫，我的保留。慢慢地，我們聊的少了，總推說是工作忙碌的因素，但事實為何，我們都知道。

當我想主動時，我感受到，他的熱情只剩百分之三十，而我的遺憾，卻多了百分之三十。

我心裡突然出現一個念頭：「愛，難道都是假的嗎？」更可怕的是，原來極端的，不是他，而是我……。

他的確相當熱烈過，我也投以適當卻不過火的回應。也不過幾個星期的時間，他的熱情，隻字片語中，一開始，總在衝擊著，我原本平靜的心。但所有的問號，是否，都起源於，我對愛情的不信任？

因為，我傷過。重重的傷過。

當起始的熱度沒了，我卻開始想擁有的時候，挫折感，當然又浮現了。我有錯嗎？是我的悲觀造成的嗎？我不禁也要問，他，就真的這樣放棄了嗎？沒有堅持的力量了嗎？是真的喜歡我，真的想擁有我嗎？為什麼不再多努力一下，我就願意，願意接受了……。

一樣的念頭，我想，愛，都是假的吧！所以來的快，去的也快。

或者說，那不是愛？

我承認，我快被問號淹沒了，可是沒有辦法得到答案的同時，我又陷入了自相矛盾的漩渦之中。如果一切能夠重來，我是否還是會疑惑，我的確沒有把握。

這些答案，你願意告訴我嗎？你能讓我相信，有真愛的存在嗎？此刻，我卻渴望，你能告訴我，你一直都在，對我依然沒有任何改變的……。

傷感或許都會過去，但遺憾卻永遠都會存在。或許我背負著，「愛，都是假的」，這樣的十字架吧！

就是要用幸福快樂來報復你！

某一天，我們在這個相同的城市裡，不同的街頭，相遇了。不過一年的光景，我身邊已有個愛我的人，走在我身邊，我覺得無比驕傲。「好久不見，最近好嗎？」我這樣問候著落單的你。「還過得去，你呢？應該不錯吧！這是你男朋友嗎？」你瞪大眼睛看著我的他，我也用微笑回應著，「是啊，你呢？應該不是單身了吧？」「不不，目前單身中，還靠你介紹呢！」聽你這麼說著，我的心底不由得驕傲起來。「你條件這麼好，不怕找不到人啦！還需要我介紹嗎？」寒喧了幾句，我提議一起到附近的咖啡店裡坐坐。一開始你婉拒了，但在我們盛情邀約下，你也不好意思拒絕。

時光倒流回，我最傷心的那一晚。你決定與我分開的那一夜。你說我們不適合，你努力過了，但感覺真的沒有了，希望我能體諒。我當然知道，你愛上了另一個人，所以選擇放棄。那些冠冕堂皇的說詞，只會讓我更加厭惡。一開始的信誓旦旦，一開始的海誓山盟，我付出的，也都被你全部推翻，簡單而輕鬆。

我默默承受所有的苦，不爭辯，不流淚，我冷靜地連自己都害怕。但那有多痛，只有自己知道。我發誓，離開你之後，我要過的更幸福、更快樂，因為，這就是我選擇報復你的方式。我深信，我會等到那一天的。

咖啡店裡，你看著我們甜蜜恩愛的樣子，眼神透露出的羨慕，對，那就是我想看到的眼神。既然你放棄了我，我很想知道，你是不是後悔了，是不是覺得自己錯了。

我勝利了，看著你越來越不自在的神情，坐立不安的姿態，我知道，這一擊，的確中了你的要害。我太了解你，就算你多麼想故作鎮定，多麼想顧全面子，還是掩飾不住，你想逃開的意圖。

雖然很不想這麼輕易放過你，但還是先讓你離開。看著你落荒而逃，我只能說，那是多麼榮耀的時刻！看著身旁這個愛我的人，我挽著他的手，離開了咖啡店。

「我知道你是刻意的，我想，你還是很愛他，所以恨他吧！」我微笑著回答，「沒有愛，哪來的恨？」

「是嗎？」我們不再說話，靜靜地消失在街頭的一端。

熱臉和冷屁股

起初，我覺得那是我的幸運，能夠認識了你。我想我必須拿出最大的誠意，希望能與你多加了解。平日的噓寒問暖和關懷是免不了的。無論是電話、MSN、部落格、E-MAIL，每一樣能夠和你聯絡的方式，當然都不能錯過。颱風來了，一定要提醒你注意安全；逢年過節，一定要祝賀恭喜；氣候溫差大，也要提醒你保重身體。甚至沒事的時候，也要傳個笑話簡訊，讓你一天都開心。

我很努力，也希望你能多了解我的個性，更希望能慢慢貼近你的生活。一開始得到的回應，總是「謝謝你」、「你也是」。時間一長，你的回應少了。打電話給你，你也總說在忙。雖然每天都能在線上遇見你，但永遠都是我主動問候。

我以為，我能體諒的。總有一天，你會發現我是多麼在乎和重視你。一天、兩天、一個月、一年，幾年過去了，你還是一如往常，而我的無力感，卻一天比一天加深。

有時情緒上來，實在很想問問你，為什麼如此冷淡？卻總被一種不忍心而壓了下來。最後總是自己得消化，自己得釋懷。這樣的不安，是會累積的。終於，我沒有辦法再承受，你的冷處理態度。

我不願意，再用自己的熱臉，貼著你的冷屁股了。請原諒我，有這樣不好的感受。

既然不願意與我有更深一層的熟悉，當初就不應該讓我認識你。就算真的不喜歡，你大可將我封鎖、刪除，讓我不要再出現在你的生活中。但你並沒有這樣做，依然一直讓你出現在我的視線裡。

是你太自私，還是我太愚蠢？

沒錯，你的確條件很好，身邊也一定有許多追求的人。但我情願你狠狠地拒絕，也不要你如此視為可有可無的對待。這樣不是仁慈，而是殘酷。

我將我的感覺，用 MSN 傳遞給你，只是你的回應，竟然只是一個「笑臉」符號。我想，我也不需要再多說些什麼，因為這個答案，已經代表了一切。

不知道在你的生活中，會不會也遇到同樣的人，同樣的事。很想也讓你感受一下，熱臉貼冷屁股的滋味，也希望，你好自為之了。

欠我的，都還給我！

「你……，可以幫我這次嗎？」你知道的，我一直不忍心，看你傷心難過。所以只要你開口，我能力所及的，我一定會幫忙。

「你對我真的很好，我心裡真的很溫暖……。只要有機會，我一定會報答你的。」聽你這樣說，其實我也就很開心了。

這是你習慣求助於我的模式。

你總不直接說，你發生了什麼事，然後渾身散發著一種不安以及悲傷的氣息。你知道，我一定會清楚地感受得到。然後，我就會「自動地」伸出援手，你當然也會理所當然地接受。然後訴說感謝。

事實上，久了，我也一樣會發現到。只是我還在等，還在期待，期待你對我付出感情的肯定。我是太善良，還是太天真，或是我一直在一種捨不得的情況下，終於我開始有了許多問號。這麼長的時間裡，我不斷不斷地「無怨無悔」付出，當我發現，你只有在需要我的時候，才會投以關心和注視，其他的時間裡，我只是個名字。

這是很殘忍的事。

說是一個願打一個願挨，但挨久了，還是會喊痛。「心甘情願」終於也會有一個限度的，因為我從未感受到，你真正對我的關懷。而是不斷地，「利用」我的感情，我的真心，為你度過難關。

所以我還是得做出決定，還是得放下我對你的情感。不但不能再付出，而且我必須收回。

那些，不都是你欠我的？包括感情。說真的，我不想再當笨蛋了，既然是欠我的，就都還給我！

一條一條的細算，金錢上的、物質上的、精神上的，我都要算個清楚。至於怎麼跟他討，我想以我的個性，就明說吧！如果不還，我想我也會採取一些必要的手段。

不要再裝可憐了！我不會再因為憐憫你而心軟。

「我真的覺得很抱歉，我只是將你當成是好朋友，但愛情，我真的對你沒感覺，很抱歉……。」

這麼久了，你終於說出了這句話。但你連好朋友的基本關心也沒有，所有我要的，你都給不了。應該說，你根本沒有心。

對於沒有心的人，我也不需要浪費時間給什麼了。

你最好永遠別愛上我

你說，沒錯，你對我沒有任何感覺。當時，只是一時激情，當火冷了，你所謂的恢復理智之後，才知道，你根本不愛我。

「如果，你能再豐腴一點，我會更有感覺。」我沒說什麼，默默地離開。你房裡的擺設，我沒帶走。你枕邊的氣味，我沒帶走。那關上的門，沉默地對我說著再見。對於用情深的人，尤其是短短時間就投入全心全意的人來說，已經無法用打擊兩個字來形容所受的傷了。原來，我並不是，你需要的，你期待的。

我決定，好好地記住你的模樣，記住你的名字。因為唯有記在心裡，我才不會忘了，有多痛。因為痛，我決定改變。要花多久時間，我沒設限，但，「我會回來」這是我唯一的信念。

除了自己的名字，我打從心裡，甚至外表，我徹徹底底地改變。我變成，你喜歡的樣子。不是為了你，是為了我自己。我告訴自己，你最好，永遠別愛上我。

愛我，是你的驕傲；不愛我，是你的損失。我要讓你，清楚明白這一點。

終於，我還是出現在你面前，是幸，是不幸，你真的愛上了我。「過去，是我不懂珍惜，請給我補償的機會，好嗎？」

我沒有當下拒絕。我該有的風度，該給你的面子，我都在那一刻留給了你。你似乎很開心，因為，似乎又讓你有了機會，重燃了希望。

自此，你每天的電話、MSN 的問候不斷，那樣的關心，很迷人。但越迷人，就越令我做噁。在一個重要的日子，我答應了你的邀約。那晚，你顯得相當開心，而我，也是。

你很溫柔，我欣然接受。天亮了，起身後，我告訴了你。沒錯，我對你沒有任何感覺。只是一時激情，當火冷了，我恢復理智之後，才知道，我根本不愛你。

看著你驚訝的表情，一時說不出話來。我繼續說道，「如果，你能再瘦一些，我會更有感覺。」說完，我和當時一樣，默默地離開。

我不需要知道，你當時的心情是什麼，你當時想的是什麼。因為對我來說，那已經都不重要了。

我就是要瀟灑的離開，怎樣？

結束了，剛過五分鐘。

我不太想管那是不是一時衝動，或是，我們還有沒有挽回的餘地。我不太想去思考那麼多。我無法接受「沒有感覺」這種理由。怎麼，今天才是我們交往的第二個星期，感覺要淡，還真是相當的容易。

還記得我們決定見面的那一晚，你邀請我到了你家。我們訴說著對彼此的好感，然後彼此的熱情，熊熊點燃了起來……。

之後，我們有很多要共同完成的理想，在每一次談論中，都更加深刻。我是這麼以為著。我不知道，原來在一次一次的了解中，你的步伐，不但越來越緩慢，而且還倒了退。

沒錯，你的外在條件，你的家世背景，你的工作經歷，每一樣都是如此光芒萬丈，都在你的生活中詮釋的如此完美。一開始，你說「那都不重要，只要相愛就好」，現在想起來，更加刺耳。

那些都不重要嗎？當你發現，我沒有你想像的好，我有太多不如別人的地方，所以你收回了你原本可能的付出。

那不公平。就算我知道愛情裡並沒有公平可言。

五分鐘前，你沒有笑容，跟我說了再見。你甚至沒有用眼神送我最後一程。眼眶裡的淚水，我寧死，也不讓它滴落，那一點也不值得。

無論別人怎麼想，短短兩個星期，是真的戀愛嗎？但我的心，在第一晚與你袒裎相見時，就已經給了。為了回應你的冷漠，我決定，瀟灑的離開。

我就是要瀟灑的離開，怎樣？

我不容許任何人，踐踏我的感情，蹂躪我的付出，甚至是謀殺我的真愛。我，是有尊嚴的。很痛，但我會努力趕快好起來。因為彼此的未來，再也與彼此無關了。

你會不會找到自己的幸福，我不想知道。我確定的是，因為我的瀟灑，自己能夠放的下，我會找到自己真正的幸福。

你那句再見，我看，我也忘了吧！

給你希望　在於讓你絕望！

現在的我，和以前的確不同了。無論是事業、外在、內涵，都已經脫胎換骨了。不再是你以前認識的那個我。

當年你決定離開我時，告訴我，我不是你真的想要的。我不夠有錢，不夠才情，甚至連外表，也都不是你理想的。原來，你只是因為寂寞，才和我在一起。而我只是你，空虛的填補，寂寞的出口，洩慾的工具。

無論我如何哀求，如何挽留，你還是堅持要走。我第一次了解，原來一個人可以如此，無情。我記得那天，還飄著小雨，我一個人，獨自離開。沒有撐傘，淋溼的身體，淋溼的眼睛，淋溼的心痛。

「我們重新開始好嗎？」今天，你在電話中對我這麼說著。

我沒問原因，我只回答了，「我依然很愛你。」

於是，我們重新開始了。

你說，你很喜歡現在的我。當然，我也很滿意我現在的模樣。許多次，你都希望我能給個肯定的答覆。我和你，是不是能夠在一起，算不算在一起呢？

我只用擁抱回答你，但你要的親吻，我始終沒給過。

往後的日子，我變成你追逐的對象，你對我的好，對我的體貼，和當年剛認識時比起來，更加熱烈。我的喜悅，並不是來自於這些。

時間一久，你已經離開不了我了，我深深地感覺，我被需要的。我占據了你大部分的生活，我，就是你的「希望」。

這也是我所「希望」的。

為什麼要給你希望？很簡單，我只是，想讓你絕望罷了。

這天，細雨紛紛，同樣的場景，將要重新上演，烙印在我心裡的那段劇情。吃完一頓有歡笑、有甜蜜的幸福晚餐，我到了你家門口。「你很愛我吧？」我這麼問著。你的回答很肯定。

「可是，你不夠有錢，不夠有才情，甚至外表，也不是我想要的。這樣，你懂嗎？」你愣了一下，表情突然變得僵硬。「我只是因為寂寞無聊，有你在，我才不會覺得空虛，哈哈！」

你依然沒有說話，看著你錯愕的表情，我笑著別過頭去，離開。至於留下來的你，想了些什麼，已經與我無關了。

C

愛的度量衡，只是自己以悲傷做單位的正負值罷了。

別輕易去丈量，因為那只會讓自己，陷在愛的數字陷阱中，無法脫身。

得不到的愛最迷人

人類，有一種奇怪的特性。擁有的卻不珍惜，得不到的永遠最美。物質上的、精神上的，尤其是愛情，更是如此。你跟我都是如此。

當你開口告訴我，其實你已經愛上別人的時候，我是鬆了一口氣。這樣，似乎我就可以不用背上「罪人」的定位。我明知他不愛我，我還是一樣，愛上了他。對你，原本我是很抱歉的。但今天你的坦白，讓我有了感謝你的念頭。

可我也知道，你愛上的那個人，並不愛你。那麼，我們又為了什麼原因愛上他們的呢？審視一下彼此的條件，我們愛上的，都是比對方條件好的人。也難怪，有了比較，我們當然心裡會有個底。

我們早已擁有彼此，但擁有的，漸漸變得不想擁有。有太多因素，磨滅了我們想繼續擁有，或擁有更多的動力，包括時間。時間一長，我們都不知道，還能從彼此身上得到什麼，因為似乎，什麼都有了，什麼都不缺了。

我們都發現了新大陸，神祕而未知，希望開墾，希望挖掘，希望找尋到我們還可以想要的，還可以滿足我們的東西。這冒險對我們來說，都是艱難的。因為他們都沒有留下任何線索，也沒有開啟任何一扇窗，我們得自己摸索。

但這樣的過程，是很享受的。

我們明知，是得不到他們的愛，但願意繼續追逐著。而我們呢？從何時開始相愛，現在是不是相愛，似乎也沒那麼重要了。各自該走自己的路了，我們是這樣祝福對方，「心想事成」的。

那是一種魔力，就是會被吸引著，越窺探不到的，越想透視。這也就是，全見版不一定比較有價值的原因。我們都需要想像空間，在愛情裡，充滿越多想像，真是越迷惑人心的。

至少，在我們都還沒有得到的階段，他們，仍是在心裡的第一順位。想擁有、想占有。那個「想」字，就是一切的源頭。停留在這樣的處境，很美，卻有著不甘願的矛盾。我們從沒想過得到之後會怎麼樣。

只是，想得到而已。

因為原本個體，所以原本寂寞

你問我，為什麼我們在一起了這麼久，卻還是感到寂寞？我吸了一口菸，事實上，我早就有了答案，我也希望你能自己找到答案。同住在一個屋簷下，我們有著各自的工作。能夠相處的時間，除了假日，就是下班後僅有的一些時光。幾年過去，新鮮感總會消磨，話題總會減少，熱情也漸漸不如以往。我們的「身分」，或許就是彼此的「伴」了吧！

我們都有各自的朋友，各自的生活圈。有時下班後，直到深夜，我們才會在同一張床上相遇。我想不只是只有我們這樣。身邊許多朋友，也都有遇到過一樣的情形。

只是，你開始感到寂寞了，那樣的因子，逐漸在你心裡滋長著。所以你開始找尋填滿你寂寞的東西，但那都不在我身上。說不定，這些都是由我開始的。因為從很久以前開始，我已經無法從你身上，找到滿足我的東西了。

是我不夠知足嗎？或是我不夠愛你了？這些我都不願意承認。但我很清楚，這一定是人之常情。因為每個人生來，都是個體。原本就是個體，所以原本就該是寂寞的！

你聽完我的說法，也一樣不說話。我不需要得到你肯定或否定的答案。這樣的相處，我們或許都已經習慣了吧！

「然後呢？我們怎麼辦？」你開口了。這是一個很難的問題。因為我並沒有想過。

「那麼，我們又是為了什麼在一起的呢？」我反問了他。

「也是因為我們原本是個體，原本也感到寂寞，所以才需要在一起的吧！」

我笑了，很久沒有這樣的共識了。我們都是同一種人，也需要著同樣的東西。我將它也歸類在「現實」裡。

這個城市，每一個建築物，看來也都如此寂寞。當聚集在一起時，感覺上，就不寂寞了。一個人、兩個人、一群人，原因相同、感受相同。

親愛的，今晚的夜色不錯，我們出去走走吧。

我們是不是，在一起了？

第一次決定見面的時候，我很確定，你就是我要的那個人。那天一起吃了中飯，侃侃而談彼此的人生觀，在談吐中，你的神態和口吻，總是如此迷人。各自回家後，我們繼續在 MSN 交談著。

你說，你對我的感覺相當好，也希望能夠繼續相處看看。我是很雀躍的，空白了許久的感情，似乎在此刻，就要有了著落。說不期待是騙人的，自從那一刻後，你的身影，就在我的腦海中，猶如烙印了般，揮之不去。

接下來的約會，如我預期的感情加溫，我感覺到，幸福就近在眼前了，我怕我會更加貪戀這種感覺，也會更無法與你割捨。但，我願意承受這樣的害怕，因為越害怕，就越不希望失去，所以我一定會，更加的珍惜和把握。

過了不久，在我牽著你的手的同時，我問了你：「我們是不是，在一起了？」

你望著我，笑而不答。這卻是，我想都想不到的答案。「是」或「不是」，難道中間會有模糊地帶嗎？這個笑容，在我看來，卻是一個極大的問號。「這，很難回答嗎？」

我疑惑地反問著。

「別想太多，你就是容易鑽牛角尖，想太多的話，要怎麼快樂呢？乖，這答案，你應該最清楚才是。」

聽完這樣的回應，我將「是」做為你給的答案。我該對你有信心的才是。我笑了，靠在你的肩上。

我們的相處一如往常，我也沉浸在有你在身邊的幸福感受中。又過了一段時間，正逢我心情低落的時候，當然一樣有你在身邊陪伴。只是現實環境中的不安全感太多，我想，我是需要你一些肯定的。

「我們是不是，在一起了？」我依然這樣問著。此時，你依然是笑而不答。這一次，我將手放開了。「我覺得，我需要一個肯定的答案。」

你沉默了一會兒，微笑地說著：「什麼才算是，在一起呢？」突然間，我無從作答。「不就是……，一對戀人嗎？」我擠出了這幾個字。

我見你也沉默下來，此時在我心裡的答案，已是另一個了。是你還在保留？在觀望？還是在閃躲？那麼，我又是什麼？

這是你的誠實嗎？或是你的婉轉？我站起身，轉頭離開的同時，希望，你就這樣，不要留住我。

We together

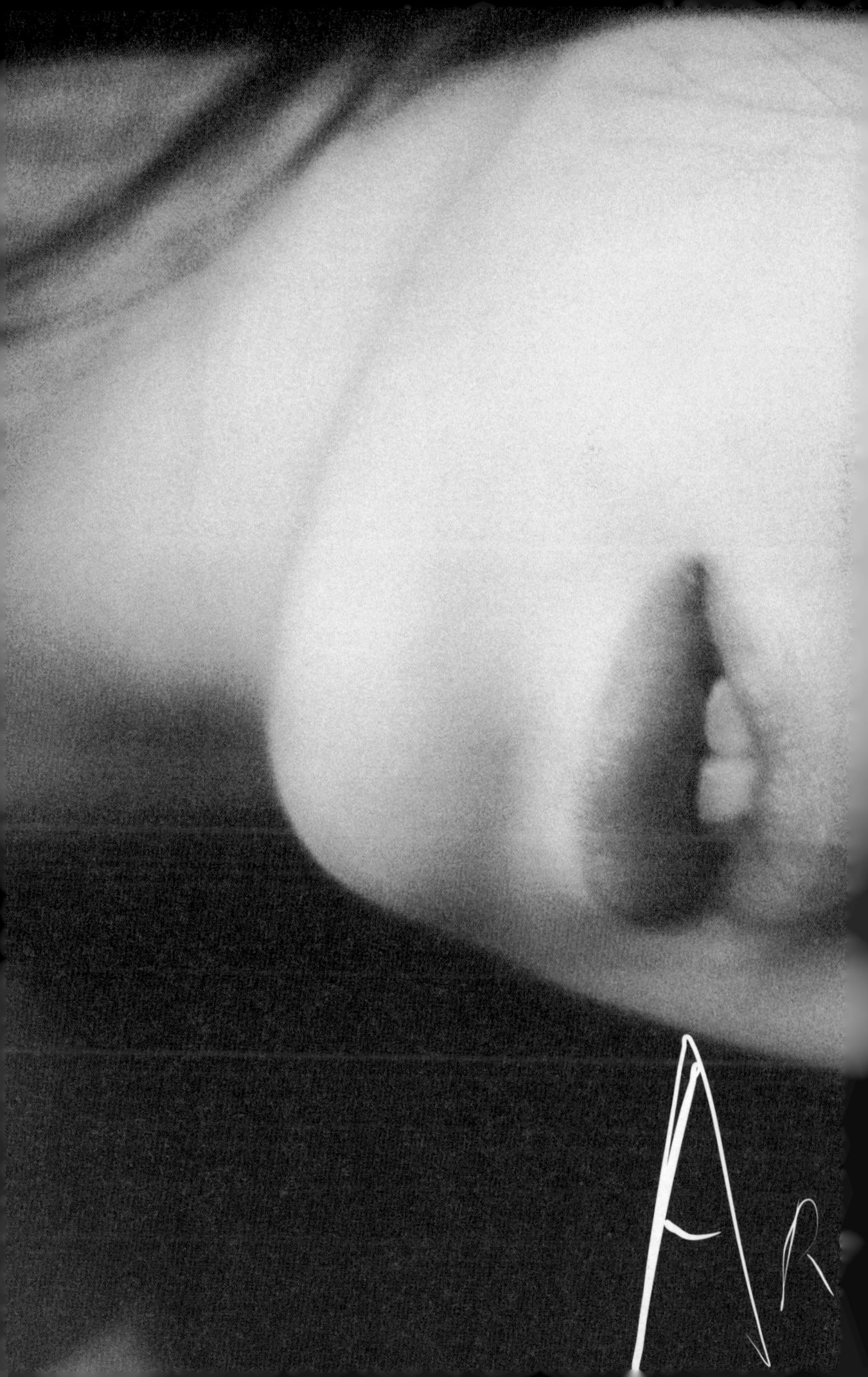
AR

不失去？不珍惜？

我一直以為，人總是要等到失去之後，才會懂得珍惜的。事實上，答案並不是如此。

一開始，不是那麼的愛我嗎？現在，你要搶先說再見。你除了一聲對不起，什麼都沒有了。短短幾個月的時間，我想我們都經不起考驗。我不願意就這樣離去，但我除了放手，別無他法。

「如果你要失去了才會懂得珍惜，那麼，我就讓你失去我！」這是我說的最後一句話。

我一直希望能看見他後悔，進而覺悟，進而回頭。我不否認，那是我的一種勝利。我這樣好的愛人，你竟不懂得好好珍惜，等到有天你受傷了，就不要回頭搖尾乞憐。雖然，我很想看到那一幕。

我自信地，認為你會想「珍惜」我。

時間流逝，總會帶來真相。答案也漸漸地揭曉。我總是看著你開心，聽說你滿足，從沒有聽聞你一絲遺憾和難過。這對我是怎麼樣的難堪，你竟然可以將我從你的生命中完全省略。

我終於了解了，因為，你從沒想過擁有，又哪來的失去呢？

原來我打從一開始，並不是你想要的，只是你過渡時期的慰藉品。

而我卻已經把你當成是唯一，當成是生命。原來只有我一個人在失去。而你，毫無感覺。

現實的是，你根本也沒有珍惜過我的念頭。這對我來說，是多麼大的諷刺啊！我只是你食之無味、棄之可惜的「心情」罷了。

是不是有許多人都是如此？我能夠相信什麼？還是現在的人，已經都只想接受付出，而不願付出了？不付出，又哪來的在乎？我只是滿足你某一個時刻的角色，退場後，視而不見。

原來，人只會在失去他在乎的，才會懂得珍惜。不在乎的，根本不痛不癢。而我竟笨的，到現在才懂。別再和我說什麼珍不珍惜的，因為你，早已毀了我那一點，對人性的希望，對愛的希望。

你不幸福，我怎麼辦？

「你還好吧？」逛完夜市後，以為你的心情會好些。但看你臉上勉強擠出的笑容，我知道成效不大。接著，我們到了附近的咖啡店坐坐。

「別難過了，因為不適合而分手的，也是沒辦法的事情，看開點吧！」我帶著微笑說著。

你低著頭沒有說話，我知道，剛受到情傷的你，應該只是需要一個話不多的人陪伴吧！

只是，我既不捨，又心疼。

聊了一些生活中的瑣事，你依然無法逃離那樣的情緒。「不好意思，每次遇到這種事，都還要找你陪我。」你客氣地說著。

「呵！這麼多年的朋友了，還這麼客氣。哪一次不是我陪你的啊？」我很輕鬆的回應。

你嘴角揚起了一絲微笑。「你呢，怎麼都沒聽說你有感情的問題，也沒聽你有什麼對象。」

被你這麼一問，我心裡泛起一些漣漪。「呵呵，只要你過的開心，我怎麼樣都無所謂啦。你看，我自己不是過得好好的？」

你沒有說話。這麼多年來，我想我對你的心意，你應該相當了解。只是雙方都不說破，這樣的默契，也就沒消失過。我接著說：「倒是你，不過老是這麼快就投入感情，我是真的很希望，你能找到一個對你很好的人，可以好好照顧你、關心你，才不會老是受傷難過啊！」

「再說吧。至少，目前的我需要點時間吧！」才發現，你的咖啡一口也沒喝，若有所思地不停攪拌著。「不知道耶，談感情真的有這麼困難嗎？還是我根本就是愛情白痴。」聽你這樣說，實在又好氣又好笑。「你只是遇不到對的人啦！你身邊還有很多人是真的很關心你的啊！別這麼想啦。」

「嗯，我知道。」你終於喝下第一口咖啡了。不過我想已經涼了吧！「你也別說我，有機會有緣份的話，也找個人在一起吧！」

這次，換我笑而不答。每一次看著你的分分合合，其實是很矛盾的。因為我明知道，你不可能接受我，你只是將我當成是一個很好的朋友。你能有的幸福，不是我能給的；我能給的幸福，卻不是你要的。想著想著，多年來累積的感傷，又突然地湧上。

贏不了的

一直以為，在感情裡，我們是勢均力敵的。我進你退、你抛我接的完美默契中，我雖無意與你較勁，但實際上與你之間，仍維持著力道相等的關係。

直到有一天，因為我對你有了虧欠，我的力道弱了，我們失去平衡，從此傾斜的天平上，我無法直視著你。

當愛深得出現了虧欠，我無法提起勇氣，請你原諒。所以我越退越多，退到無路可退。你的任何風吹草動，都如利刃般襲來，割得我傷痕累累。所有的痛，都只能自己承擔，因為我不再是你最好的對手，只是一個罪犯。

我多麼希望，能得到你的再次肯定，那才是我，站起來的力量。很遺憾，我還是只能靠自己療傷，彌補所有對你的虧欠，傷口，總有一天會好的。至少我是這麼相信著。

只要能討你歡心，我做了許多偽裝和表演。已經無關願不願意的問題，而是我不願承認的，愛你的事實。我必須矢口否認，因為那是能讓你我保持平衡的唯一方式。若我真的做錯了事，那就是我太愛你。

所以，所有的一切，說的做的，都是因你為你。我手中的武器漸漸腐銹，我心中的防衛漸漸瓦解，最後，我的名字，變成是你。

當我驚覺，錯已造成。你的疏遠，就是最大最狠的攻擊。我很想堅強起來，我是可以自己站起來的。我很努力，用了最大的努力，煎熬過了，心痛過了，時間，會讓我更勇敢。

終於，我能夠抬起頭，看見陽光。我可以，微笑地出現在你面前。我可以，不再那麼在意你的一切。我可以，重回那個，與你相等的戰鬥位置。我相信，我擁有與你相同的實力。

當你恢復了些許的主動，將疏離收回了一些，我很高興，因為我能夠抵擋了，讓你看見我夠堅強了，不會容易被擊敗了。我是驕傲的。

時間的確帶來了需多契機，只是，當你淺淺地釋放出，你的期望，我才發現，那淺淺的，輕輕的，不起眼的，那一絲你送出的請求，卻能徹底將我擊垮，潰不成軍。為什麼，我仍是贏不了，我不是堅強了？不是勇敢了？為什麼，我還是為了你，希望滿足你，而宣布投降？

我贏不了愛，贏不了你，我不得不認輸。我輸了，對不起，我愛你。

漠然，是我們擁抱過後的產物

擁抱之前。

你把我捧在手心，你的渴望，無論是每字每句，一言一行，都透露出深深的期待。所有誇讚的辭彙，關懷的態度，任誰都會深深著迷。我當時不懂，原來那是人之常情。當然，我也深深被你吸引著，同樣的渴望，也在我心裡。只是我還保留了一些，希望能多多感受你的溫柔。因為你，我終於投入了感情，我開始願意付出，願意關懷，所有的一切，都在回應著你對我的好。希望這樣的感情，在我們十指緊扣的時候，能夠更加確定。我是這麼滿心期待著。

也終於到了那個重要的時刻，我和你緊緊相擁，我們終於得到了彼此的溫柔，體溫交換的同時，那難以言喻的幸福感，多想將時間就停留在這一刻。我多麼感謝，生命中有你的出現。

擁抱之後。

那天說了再見之後，你就像斷了線的風箏般，我再也找不到你了。是我做錯了什麼，還是出了什麼問題？我似乎被判了莫須有的罪名，沒有預警，沒有徵兆，就被你完全丟棄。很徹底，我一時也無法接受。

你不是說過，一定會再來陪我嗎？還要我不要多想。

但，我不希望的事情，還是發生了。的確，我無法忘懷當時那樣的溫暖。只是，我仍必須依靠時間，將它，將你，都慢慢遺忘掉。這樣，或許比較不痛些。

很久以後，我們在某條街上不期而遇。我們的眼神交錯了幾秒鐘，只是，你那樣的眼神，空洞而冷漠。在你眼中，的確，我已經是個陌生人了。擁抱過後，你留給我的，竟只有如此的漠然？

後來，我也習慣了這樣的感覺。在之後的這段時間裡，我同樣也遇到了這些擁抱，不同的人，卻有著一樣的心。我除了習慣，也沒有什麼找答案的慾望了。因為那些答案，說不定只會讓自己更不堪。

這是現實吧！曾幾何時，人已經將擁抱視為一種無關緊要的東西。還是我將它看得太重，所以更容易受傷？擁抱或許容易遺忘，但傷，卻要刻在我心裡，好久好久。

MONEY & LOVE

從未想過，生命中竟出現一個，讓我如此愛恨交織的人。

初認識你時，是驚艷的，是開心的，沒想到有個這麼單純的人，像個小孩般天真，能夠喜歡上我，我自覺幸運，也投下了我所有的感情。這是應該，也是理所當然。是的，我是這樣相信著，你是愛我的，就如同我如此愛你一樣。

寵你、疼你，本是應該，我也毫無怨言。交往一段時間後，你告訴我家裡的情況，我也同情你來自一個不完整的家庭。所以，我更有照顧你、保護你的責任。我要你因為愛我，能把過去的陰霾全都忘掉。

為了讓你衣食無虞，我努力拚命工作賺錢，只為了讓你得到最好的享受。知道你喜歡濱崎步，當你想買她的 CD

甚至各種周邊產品，我都願意買給你。雖然你嘴裡說不用，但我看得出來，你是很開心的。

有一天，你告訴我，家裡準備分割土地，需要請律師，但你卻付不起。我義不容辭地全力支持，因為那是屬於你的東西，你也將會因為這些土地，過更好的生活。我是這樣的付出，這樣的用心，甚至將我的積蓄、信用卡，全都用來支持你，在你不斷地需要，不斷地索求，不足的部分，還得到處和朋友調頭寸，都只希望你能擁有幸福。

但，殘酷的事實總是發生了。

原來，所有的事情，都是為了掩蓋一個又一個的謊言。拿了錢，不是要回老家辦土地的事情，而是到日本去盡情遊樂；甚至，所有的錢，也都是為了讓你能夠去取悅另一個，你喜歡的人。

這的確是天大的打擊，也是所有感情的終結。灰心、失望、痛苦、沮喪，都不足以形容了解真相後，交織而成的複雜心情。因此，我差點走上絕路，當你冷冷地承認了一切，我更是第一次清楚感受到，這世界的冷漠和無情。我，終於一無所有了。

用了許多年的時間，我才能慢慢地站起來。陸續從朋友那兒，知道你不斷故技重施，讓許多人都遭受和我一樣的窘境。終於，結合眾人之力，你還是必須接受懲罰，付出代價。

你告訴我，當年的確是真的愛我，真的沒有想過要傷害我的意思。如今聽來，格外諷刺。

對你而言，愛是什麼？只是金錢下的產物罷了。至於你的未來，我也不想知道，自生自滅吧！

Japanese paper, my gold
beaten skin infinitely delicate
and infinitely expensive.

PRODUCTIONS
TAILOR
QUALITY
Reputation technical apparel REP by 1999
R P T N

忘了

「好久不見了，最近好嗎？」無意中又在網路上的交友版發現你的蹤跡，留個言向你問候一下。「請問你是？」他短短地回了這幾個字，我的交友版也有照片啊！大概是太久沒見，已經淡忘了吧！

「我是XXX啊！好多年不見了，你記得我嗎？這是我的MSN，加入吧！」看他加入之後，我們繼續聊著。「不好意思，我真的忘了你是哪位……，自介一下嗎？住台北嗎？」

我短短地自我介紹了一下，但讓我有些驚訝的事，他似乎真的完全都沒有印象了。這又將我拉回記憶的長廊，走到當時我們相遇的時光。

同樣也是在交友版，同樣也是從 MSN 開始的。我們因此結識，互相欣賞，也交往了一陣子，當時算是和平分手的，記憶應該不會這樣模糊才是。但，所有的事情，在我的詢問下，看來他真的沒有印象。此刻我的心情，是有些失落的。

「嗯？你怎麼知道我住哪裡？怎麼知道我的工作和家人？我印象中不認識你啊！」這樣的話語一出，更慶幸當年我能離開這位男人。「我們還曾經看過那部電影，還有在你家樓下小巷子一起溜狗啊！」

「有嗎？我怎麼都沒印象？你是不是認錯人啦？」我確定我不會認錯，曾經在一起的人，怎會輕易就忘記呢？「我當然不會認錯人啊！我們以前還交往過耶，你真的都想不起來嗎？」

「SORRY！」接下來，你沒有回應了，看你變成了離線狀態，我知道，你什麼都忘了。你忘了緊擁過我，忘了深吻過我，你什麼都忘了，竟然也不過短短幾年的時光。

我突然羨慕起你來了。忘一個人，竟然能忘的如此徹底，這樣是不是真的比較快樂？還是，你根本是因為無情，所以全都忘了？原來，我是不值得你記住的人，像海水沖刷過沙灘上的腳印一樣，不留痕跡。

忘了，就算了。你從沒在乎過，所以可以這樣的遺忘。我真的，做不到。

測試人性

我們原本，對彼此印象都不錯的。你有很好的外在條件，也言之有物。聊天的感覺也相當舒服。你說我很特別，也和別人不同。在你的部落格上，你大方的秀出你的身材，展現出性感的一面。你為自己成就了一個極大的誘因，吸引著所有看見你的人。你說，你不會理會，那些只想與你發生肉體關係的人。

當時，我相當肯定你的想法。你的確很特別。

你說目前單身，要找到另外一半，一定要也相當的了解和認識。我感覺的到，你並不喜歡膚淺的東西。雖然彼此都很忙碌，但總在夜深人靜時，我們可以閒聊上幾句。你喜歡用「討論」的方式，去了解對方的觀點。

不過現實的是，了解的越多，彼此適不適合的答案，也越益呼之欲出。

漸漸地，我們的話題少了，對同一件事情的看法，也越來越不相同。直到，我在電腦前，失去了你的消息。

有次朋友熱心地給了我一個小程式，說可以測試誰把自己的MSN封鎖了。我原本不相信那些，抱著無聊也姑且一試的心態。但，就是那樣的心態，把一切改變的更加扭曲。

當然，我也發現了，我被你封鎖的情況。

我不知道自己做錯了什麼，情急之下，到你的網頁留了言給你。等回應的幾天裡，發現這個要命的小程式，還是有「出槌」的時候。我很擔心，自己是不是因為一時衝動而誤會了。終於收到了你回覆的留言，但，如針如刺般的，扎進我心裡。

你因為不知我用何種方式得知，當然你也有了解釋，但可想而知，這樣的事情，一旦說開，就更加損了情面。當然也會認為，我是使用別人的帳號得知。但，那也並不是事實。無論如何，對雙方的傷害，又更加深了一層。

在指責自己的同時，當然還是不知道我想要的那個原因。但答案，我想也不需要知道了。我更加明白了一件事，人性，是經不起測試的。一旦有了想要測試的動機，信任感，也隨之消磨，尤其是感情。雖然我們都有可能做出這樣的測試，事實上，最不相信的，原來是自己。

回過頭來，在你以自身條件營造出這樣的誘因之時，不也是，對人性的一種測試嗎？因為，那也只是人性的其中之一罷了。

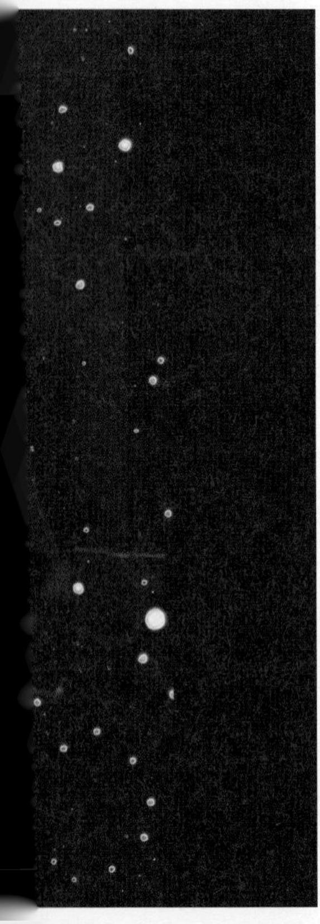

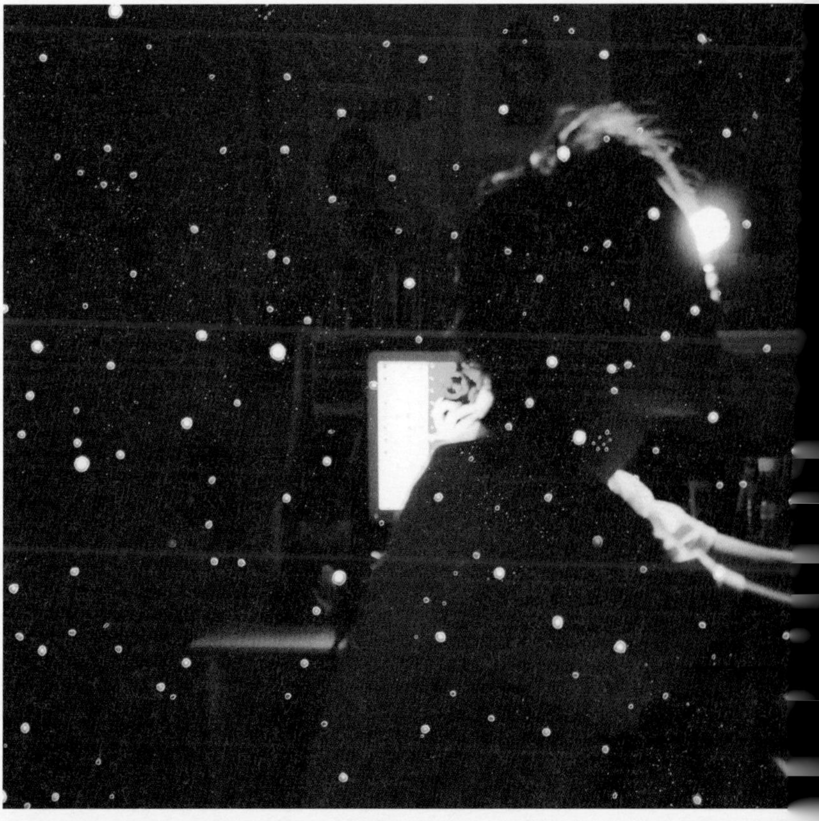

d

只是因為，愛，太深。

寧願萬劫不復，也要這麼愛著。痛快的愛著。

你怎麼會這麼傻

今晚，你又能陪著我了。我真的非常的開心，畢竟，你給我的時間不算太多。幾個月才會來見我一次，多半的時間，都是在電話中，聽著你的開心與抱怨。

你身上的味道和體溫，是我一直沒有辦法忘懷的。靠在你身上，你將最近的心情和生活上的瑣事，一股腦兒地和我分享。你將我擁在你懷裡，很溫柔，也很溫暖。你說，雖然目前你也有交往的對象，但你還是很愛他，忘不了和他在一起的時光。我耐心地聽著，只是此刻在你身邊的，是我不是他。

你感謝我的體貼，你也知道我對你的心意，你摸摸我的頭說：「你怎麼會這麼傻！你明明知道，我現在不是單身了，你還對我……。」

我知道，就算要排，你心裡還有兩個他，怎麼說也輪不到我。但，你還是選擇，在此時回到我身邊。我不認為那是勝利，但我也並沒有輸。我是這麼告訴自己的。

「只要能像現在這樣，我就滿足了。只要你在傷心無助的時候想起我，這樣就夠了。」你將我抱的更緊，夾雜著複雜的心情。

凌晨三、四點，你已沉沉睡去。我仍在你的懷裡，沒有睡去。你突然醒來，看著我：「怎麼還不睡？」

「我怕，我一閉上眼，就再也看不到你了。」雖然我帶著微笑，但其實心裡是有些感傷的。

你沒有回答，一樣摸摸我的頭，讓我靠在你的胸膛上，我依然靜靜地聽著你的心跳聲。但我知道，一旦天光，你就會離開我的身邊，回到原本屬於你的世界去。但我心甘情願。我愛你，真的很愛你。

你也知道，但，你也只能「知道」而已。

你的感情、你的生活，只要你想到，就會打電話告訴我。你的心事，我都願意聽。這是傻嗎？若我承認了，是否就代表，我永遠沒有機會，讓我成為你的唯一嗎？或是你已經在暗示我，我不可能，和你有什麼美好的結果嗎？

天亮了，不是開始，也不是結束。你和我的故事，還在繼續著。

最完美的保護

有了你這樣的另一半，真是我最幸運的事了。老天爺何其眷顧我，給了我一個內外在條件都那麼完美的伴，我當然要用盡全力的，保護他。

你電腦裡的資料，從現在開始，由我管理。無論是交友版、部落格、E-MAIL、MSN的對話紀錄，我都會好好的把關，不可以讓你受到花花世界的汙染。外面的世界，誘惑太多，壞人太多，這是我保護你的第一步。

這樣很開明吧！我不限制你網路上的交友，給了你很大的空間。當然現實中也一樣。除了上下班，無論做什麼，我都希望能在一起，認識你認識的朋友、同事，一起吃飯、運動、休閒，任何人只要接近你，我都會特別注意，不讓你被花言巧語迷惑。這是我讓你安心的方式。

對了，你的手機裡，無論是去電、來電或是簡訊，我都要仔細的過濾，絕對不可以讓任何影響我們之間感情的因素出現。我擁有你，你也擁有我，這是我們的世界，保護你，是我的責任。

我知道你單純，所以不忍心你受到傷害。是的，別人說戀人之間，還是要留有彼此的空間，我想我給的相當足夠，而且充分。相信你會為了我的體貼而感動。

只要有人想親近你，我自當挺身而出，有我在，你不用怕。如果對方還不知好歹，我將會讓他知道，我的手段。這是必要的。不知進退的人，也莫怪我施以毀滅，這是天經地義，誰要這些人，覬覦我完美的另一半。

或許是與我的職業有關，懸壺濟世，宅心仁厚，對於我愛的人，更是百般呵護。我必定是十分細心地，在意你的一切。你回家時身上的味道，你說話的模樣是否自然，無論是看得見看不見的，我都能夠輕易的分辨。誰叫你如此單純，單純的讓我一定要努力的保護好。

我會把你好好放進口袋，讓你無後顧之憂的，去愛我。時間一長，我想所有人都會非常明確地知道，「你，是我的！」

的確，幾年下來，我真的是能好好擁有你的。這真是非常完美的愛。

只是這一天，我不懂，你為什麼出現了疑問。「你真的是在保護我嗎？」

難道不是嗎？誰？是誰讓你有了這樣的疑問？我能給你的，全都給了，我的防護罩夠穩固，足以保護你；我的武器也夠強大，足以消滅敵人。這麼做，絕對沒錯。

當你離開我的時候，我仍確信，我沒做錯。你應該懂的。愛，就是應該這樣。

只 是朋友

這是我們的約定。誰都不能打破這個規則。

我們的關係很親密。心情不好時，我們會陪在彼此身邊。許多秘密，我們也一起分享。我們擁有彼此的身體，享受著彼此的體溫。我們懂得彼此的想法，了解彼此的需要，默契極佳，不用說話，就能懂得。

但，我們只，是朋友。

你有你的愛人，我也有我的另一半。我們都很幸福，也很幸運，因為我們都能擁有彼此。我們不擔心愛上彼此，所以放心地把自己交給對方。我們樂於享受這樣的關係。

什麼是朋友？就是能互相扶持、互相成長的夥伴。我們就是如此。說好了，我們要陪著彼此一直走下去。無論我們的身邊，又換了多少個他或她，我們的手，都不要放開。

這是我們約好的，至死不渝的。

不，不只是我不能愛上你，你也不可以愛上我。這種不和諧中的和諧，才是我們想要的。就算我們再怎樣需要對方，也不能出現愛的成分，點滴也不行。

我要，這樣和你一輩子。我們都很努力，因為我不能沒有你，你也不能失去我。我一直相信，我們的信念，能夠面對所有可能的變數。

最後，我們卻失敗了。明明有那麼堅定的信念，一切都那麼的完美，為什麼到最後，還是走向失敗。我們都失去了彼此。

因為「愛」，破壞了我們的約定。那是無法控制的因素，我們原以為能夠控制的因素，原來人類，真的是做不到的。

我竟然，愛上了你。那是多麼禁忌的事。你開始怕，開始退，開始躲。而我，開始急，開始慌，開始傷。到最後，我堅定的「朋友的」信念，變成了，堅定愛你的信念。

事到如今，我不得不承認，我的失敗。我開始有了個疑惑。為什麼，你不讓我愛上你？答案是，你不能愛上我，或是，你不愛我？

無論是哪一種，最後的輸家，又會是誰呢？我想，一定不會是你吧！

秘密

我們不是情人。你和我的關係，不是一天、兩天的事。多少時光累積下來的互動，那種默契，只有我和你明白。不用多說，就能懂得對方的心思，我們明白彼此想要的，只要你開口，我就會努力的完成，為你實現。

分享過許多心事之後，逐漸建立的信賴，我們擁有了彼此許多所謂的秘密。我很感謝，你如此的相信我，願意將你最私密的部分，與我分享。而我，也是一樣，毫無保留地，讓你了解我的一切。

你總會在我沮喪的時候，給我鼓勵和支持。你總是如此相信著我的能力，相信我能夠解決所有的難題。我是你的軍師，更是你諮詢的對象。那樣的關係，很舒服，也很自在。畢竟，對方都是能讓對方放心的人。

因為在乎，所以有時不用你要求，只要透露出一點訊息、一點期望，我就會很希望，你能得到你想要的。因為，我不能讓你對我失望，費盡心思，也要達成。這是我對自己的期許，只要你開心，我都願意去做。

漸漸地，因為共享了太多秘密，而越來越密不可分。但風險也越來越大。終於，在一次努力希望為你實現願望的事件中，出現了前所未有的難題。由於棘手，不得不出險招，用了秘密交換的方式，希望能完成這一個，我以為能完成的願望。

鋌而走險，得到的，卻不如預期。明知不可為，為何我仍必須去做？若不是因為，不願意讓你失望，給予自己這麼大的壓力，這一步，我是絕對不會用上的。當你指責我的背叛，指責「全世界就是你最不應該犯這個錯」的時候，我心甘情願地全都擔下。

自責、痛苦、恐懼，所有的情緒，讓我的世界頓時崩毀。才發現，當「秘密」成了彼此間維繫的最大橋樑，許多事情，都已經被扭曲了。

在你的心裡，或許我已不值得信任，但我相信著，繼續相信著你，相信著你的智慧，一定會懂，懂得我在整個事件背後的意義。因為我更相信，我們之間，還有一種無形的東西存在。就是你說過的，「感情」。

我並沒有多做解釋，就算整個事件裡，我是不是成為被利用的角色，湧起滔天巨浪的衝擊，最後，我仍堅持，要護住屬於你的秘密。代價太大了。但只要你懂，就算毀滅了我所有能毀滅的，我都無憾。自始至終，我真的相信著，時間流逝之後，你會了解，這個你曾經如此信賴的人，從沒有背離過你。

一個秘密、兩個秘密見光了，剩下還有許多的秘密，會如你所說，石沉大海。事實上，它們一直都穩穩地沉睡在深海中，只是有心人利用了我的在乎，讓它們浮出水面。我強壓了下去，很重，很沉。因為那是你的秘密，在我失責過一次後，我更有責任，為你繼續保護著。

因為，我也必須保護著，你對我如此信任的心。其實，我相信你已經懂了。但你不用說，也不需要原諒，你已經用行動，釋放了我對你深深的虧欠。也是你承諾，支持我的最好方式。

不光是石沉大海，我更希望煙消雲散。不需要回到過去，未來，我相信，我們的默契，會因為這一次的衝擊，而更加清澈明晰。你，一定懂的。有些事情會改變，而有些事情，是從沒變過的。除了對不起，我更要對你說聲，謝謝你。

是的，我是單身

緣分，很奇妙。在這樣的一個時刻，遇見了你。

無論是你的外在或是內涵，都深深地吸引著我。原本不信一見鍾情的我，也不得不信緣，雖然，你說我們先從朋友做起。第一次單獨約你出去，既緊張又興奮，相信你也是一樣。第一次的自我介紹，你告訴我，你已經單身許久了。

「你呢？單身嗎？」你帶著微笑，這麼問著我。

我猶豫了一會兒。「是的，我是單身。」說出口時，心裡突然出現一絲不安。但很快地，又被你的笑容淹沒了。

從這一刻開始，我們有了相當快的進展。但也從這一刻開始，我的心不得不做切割。對你的感情與日俱增，當然你也是一樣。情投意合，我已經沒有辦法，讓你離開我的身邊了。但是……。

這樣下去，我對我原本所愛的他，該怎麼交代呢？我知道，他的確很愛我。我也答應過他，絕對不會辜負他。但如今你的出現，讓我覺得更加幸福，也更加害怕。

我很努力試圖找到一個平衡點，但最後能想到的，只能是對雙方的隱瞞。我只能想到，如何不傷害到對方。但明明卻很清楚，這不是最好的解決方式。我是罪惡的嗎？我一直在是與不是之間游移著。我有錯嗎？感情的事，是不是真的沒有對錯？你和他，如今都那麼的愛我。我的愛，我的心，卻無法分成兩頭。我想也不是你們願意的。

這所有的心路歷程，經過時，有窒息的感覺。終於，所有的事情到了必須有個結果的時刻。你和他，都要我做個選擇。似乎，我也必須做個選擇。只是無論怎麼選，我們都會是痛苦的。為什麼，愛會變成如此？

原本，我以為我還能做個選擇。但我才知道，原來，你們都已經決定放棄了。雖然這是我早就預料的結果，但我沒有想到，一無所有的感覺，是這樣的痛。

未來，我不知道會怎麼樣，但所有的結果，原來都來自於那一念之間：「是的，我是單身。」

挫折

跟你在一起這樣久了，我很努力，我也看得出來，你很努力。你的脾氣不好，也沒耐性，容易煩躁，只要有小小的不順遂，就會影響當時的心情。雖然你對我百般呵護，也知道讓你不開心的原因並不是自己，但我還是希望，用包容體諒一切。我也希望，能夠用這樣的包容，磨磨你急躁的個性。我知道我並不完美，也常常讓你擔心，我也知道我的忙碌，沒有太多時間可以陪伴你。這些都是我希望，能夠彌補你的地方。所以無論是你的好情緒、壞情緒，我都願意接受。因為，愛就是，無論對方好的、壞的，都是美好的、自然的。

無論你發了多大的脾氣，只要一面對我，你總是恢復那樣的溫柔體貼。但，我還是希望你能夠學習到，少了這些令人煩躁的情緒，你將會更開心、更快樂。我是真的很希望見到你快樂。時時刻刻都很快樂。

幾年過去了，很可惜，你還是一樣的脾氣，一樣的急躁，甚至悲觀。我依然很努力，但我也有情緒，偶而也會面對許多壓力，當我又再面對你，似乎也讓我有些喘不過氣來。

你知道嗎？我多麼不願意把這樣的負面情緒，投射在你身上。但面對你同樣給的負面情緒，我的處境，的確艱難。或許是我的EQ不夠高，或許是我的修為還不夠，包容與忍耐只一線之隔，當那條線模糊不清時，「累」，是我唯一想用的字眼。此時，我的疑惑也隨之出現。「愛，怎會這麼的累？」

若是在愛裡沒有相互成長，會是種挫折。是的，對我來說，那真的是挫折。原來在我的愛裡，並沒有辦法讓你更加成熟。這樣的愛，算不算是失敗？或者，只是「不成功」？

心裡有一塊，漸漸地空虛了，沒有方向感了，因為下一

步，只會想見，我將因你的不耐而不耐，因你的煩躁而煩躁。

當這樣的愛累積成痛苦，很多事情，很多感覺，也都將變了樣。遑論找回什麼，就連維持現狀，突然也變得困難重重了。裂痕出現的時候，無論是什麼乘虛而入，這段感情，眼見就要搖搖欲墜了。但危機，同時也是轉機。

還好，因為愛的夠深，裂痕，是可以用愛修補的。我們願意重新了解彼此，開始學會更加體諒彼此，真的，若是不夠相愛，這句點，輕易地將會被劃下。感謝天，讓你這麼愛我，也讓我這麼愛你。

這篇，是寫給你的，我想，你一定懂。未來的路還長，我會看見一個，越來越成熟的你。

之後，我會改變的！

中午時分，到頂樓曬曬太陽。剛從外面回來的你，也上來頂樓抽根菸透透氣。你顯得有些疲憊，知道你是剛從某個場子回來，從目眩神迷的燈光裡離開，看見現在的陽光，顯得有些刺眼。

聊著聊著，你也不免感性起來。「其實還是想找個人安定下來的。」你深吸了一口菸說道。

「喔？」我只回應了這麼一個字，往大馬路上來往的行人看去。

「是啊，我想誰都想找個伴吧！」

我點點頭說著：「那麼，你想要找什麼樣的伴呢？」

你開始認真了起來。「當然外表是要我喜歡的型，很居家，也沒有太多朋友，也不去夜店，不去趴場，當然也不要嗑藥，作息正常，工作穩定，最好個性是成熟點的……。」

我聽了你洋洋灑灑地說著自己的「擇偶條件」，我也相當認真聽著。

「呼！不錯喔！這些都是你剛好沒有的，能互補。」請原諒我的嘴賤，當然我是不想被你謀殺在這裡，成為天台男屍的。趕緊接著說下去：「我想如果是這樣一個人，當然也希望找個和他一樣的伴吧！」

「嗯嗯。」你喝了口飲料，又吸了一口菸。「等到有這樣一個人出現之後，我就會改變了。就再也不去那些地方，不碰那些有的沒有的東西，過好兩人世界就好了。」

「我也希望這樣的人早點出現……。」我這麼說著。但在我心裡，卻有個早知道答案的問號。

你曾說過，你看見許多你喜歡的、條件好的，都會出現在那些所謂的場子。那麼你的「理想對象」，又會在哪裡出現呢？你目前認識的、交流的人都是那一族群，因為你的理想對象，是不會出現在那些地方的。

這也是事實。

當這樣一個人真的出現了，真的又能讓你改變多少，或是說，改變「多久」比較客觀？人一旦失去了新鮮感，愛又真能維繫住多少？愛真能影響一個人，改變原有的習慣和個性嗎？每一個人的情況不同，能不能做的到，也都很難說。

不過在你身上，我期待能看到有那麼一天。

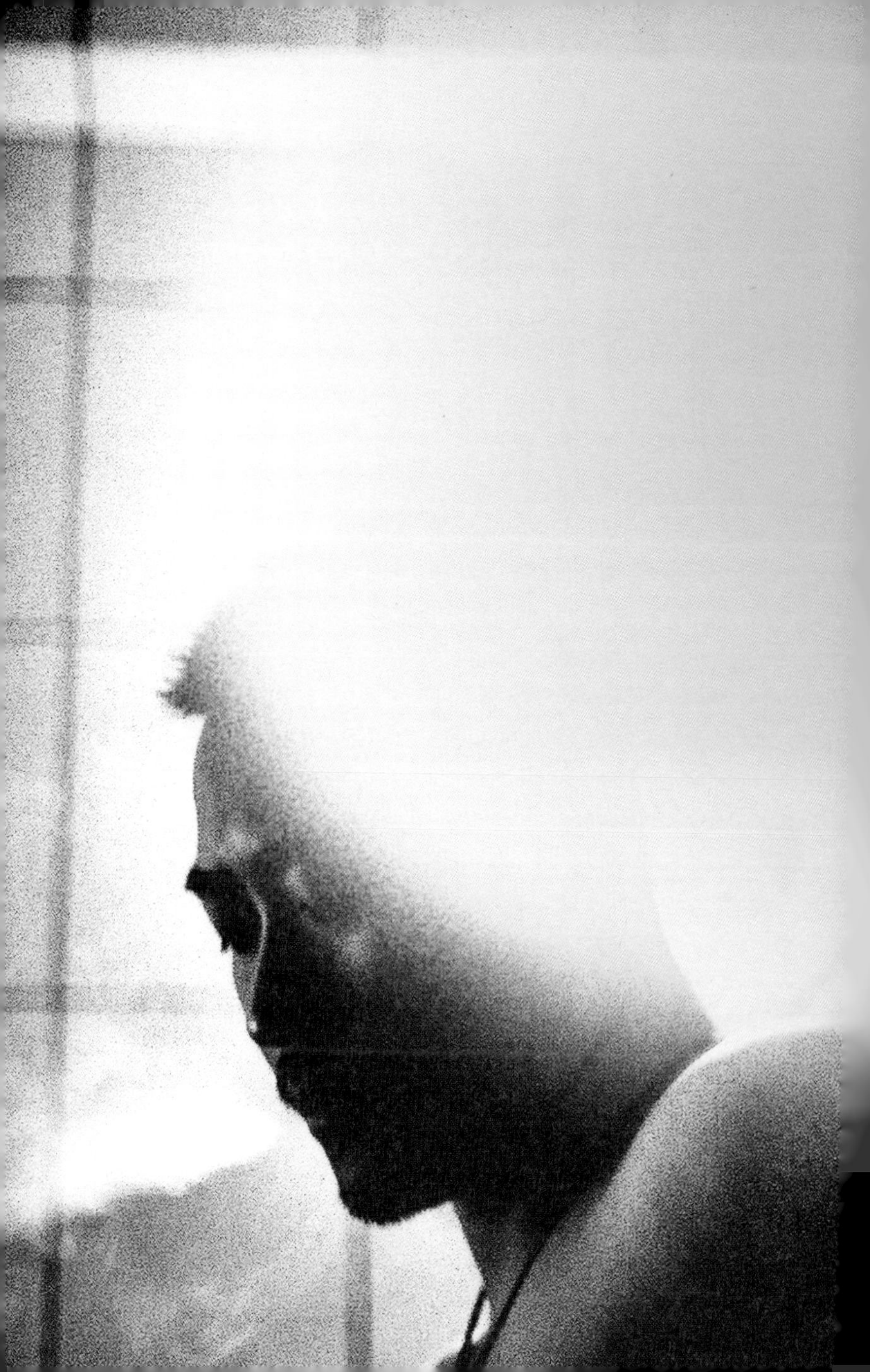

我愛妳，也愛她

妳和她，都是那麼的好。我已經忘記，是誰先開始的，我感覺到自己同時被你們所吸引。當我開心的時候，總有妳陪伴我，讓我開懷的笑，看見妳笑，我也覺得非常幸福。當我沮喪的時候，她總會出現在我身邊，安慰著我，讓我心安，看著妳溫柔的臉龐，一樣是非常迷人的。

一天二十四小時，似乎並不夠用。同一個屋簷下，我不需要一三五、二四六的分配，很自然地就會有默契，該是誰的時光，就會是誰的。我的確很幸運，同時擁有你們。

每到了情人節，我總得用心安排妳和她的計畫，一定要做到同時讓妳們覺得快樂無比。雖然是累了些，但我心甘情願，因為，你們都是我最愛的人。

我似乎不需要擔心，你們會為了我爭風吃醋，你們是如此的和諧，如此的相敬如賓，能獲得這樣的福分，真不知是我哪修來的福氣。妳的熱情，她的體貼，在我的生命中，缺一不可。

或許對你們我都有虧欠，但我盡力將愛平均分配，如此，我才能確定我盡到了責任。

原本，我以為可以這樣好好地走下去。

那一天，為什麼她會問我這樣的問題。「如果我們一起掉到了海裡，你會先救誰？」當我不經意地說出，「當然是先救妳囉！」

偏偏，妳突然的出現，聽到了這句話。在她得意的笑容之中，我感受到了妳的落寞。從那天起，我們的關係，漸漸改變了。

熱情的她依然熱情，但溫柔的妳，卻越來越沉默了。雖然我極力的安慰，但我發現沒有效果。妳心裡，似乎浮現了「成全」的字眼。

這不是我要的，我的付出不會少，但為什麼妳的心如此細膩。妳不愛我了嗎？不，我不相信。不過是一句玩笑的回答，竟讓妳陷入這樣的處境。

終究，妳離開了我。只留下一句：「祝你們幸福。」

沒有妳，我的幸福，只有一半。很可惜，她並不會傾聽我的心事，我的快樂，逐漸變了質。最後，我連她，都失去了。因為，她不喜歡，我的不快樂。

我不禁要問，我做錯了什麼嗎？真的很希望，你們來告訴我，我到底做錯了什麼呢？

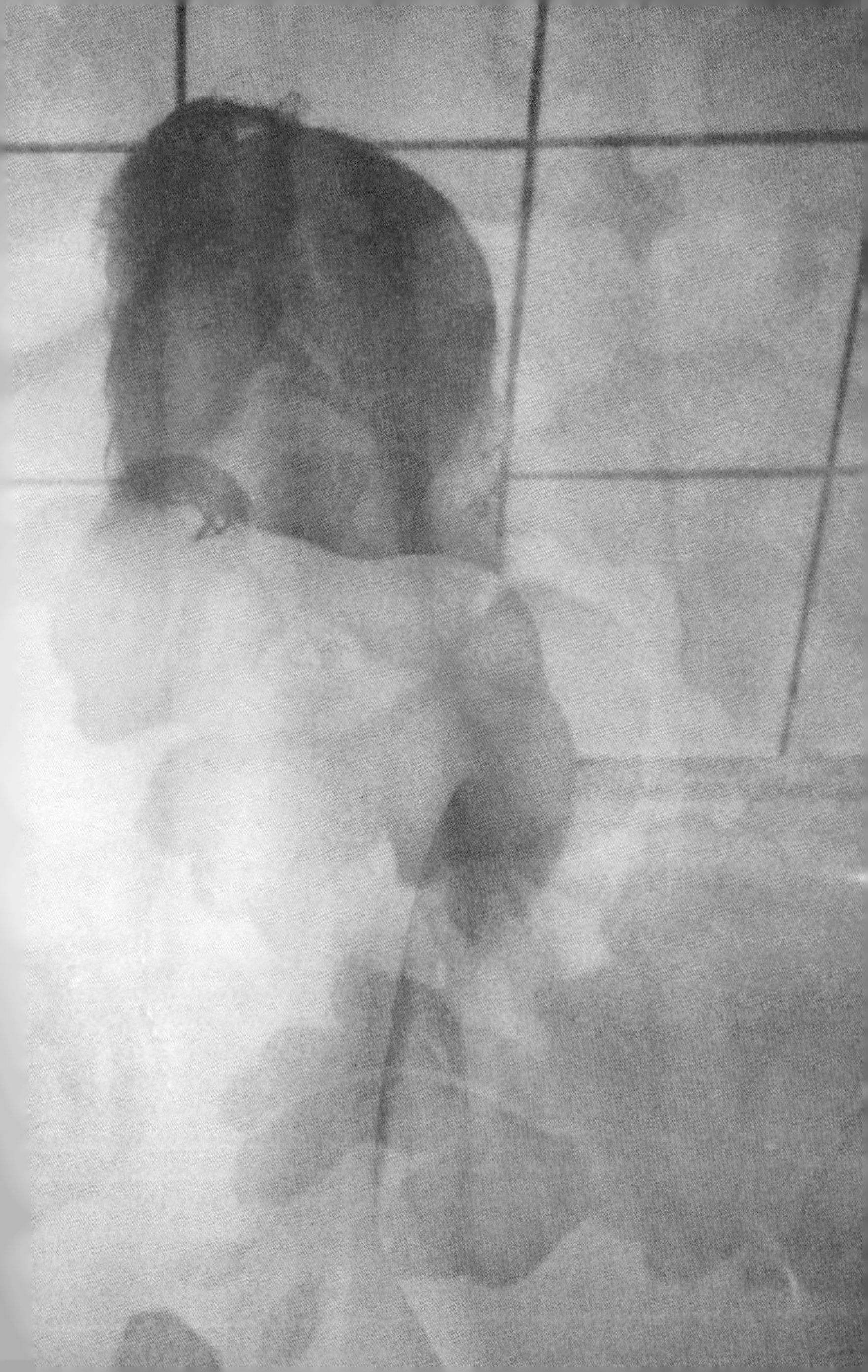

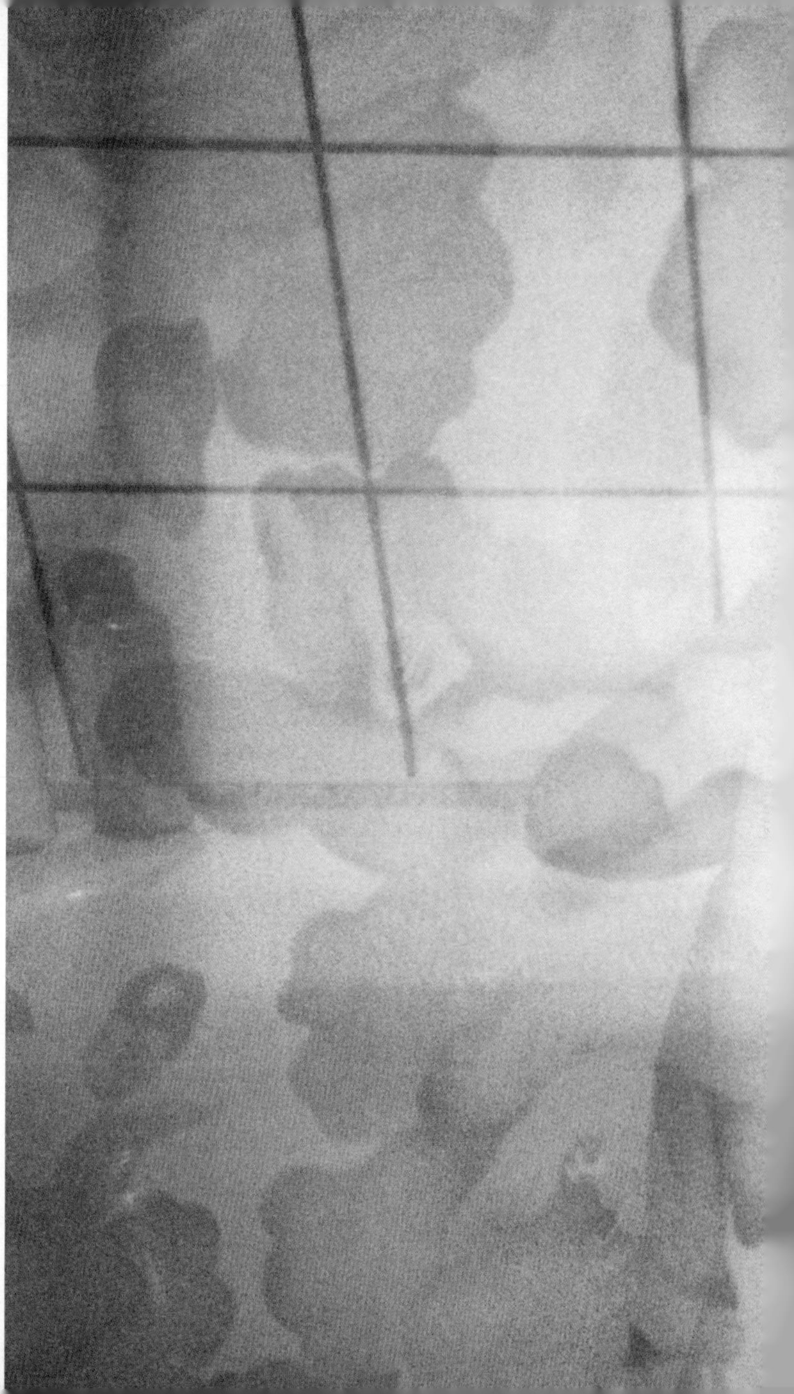

暗處隱藏的敵人

我們是最好的朋友，我卻不希望你太接近我；我們是最好的朋友，我卻不希望了解你太多；我們是最好的朋友，我卻不希望你關心太多。因為，我們是最好的朋友，這樣，才是最好的。

我知道你的心事，但不可以過問；我知道你的寂寞，但不可以陪伴；我知道你的需要，但不可以給予。因為，我們是最好的朋友，這樣，真的是最好的。

因為，只要多了一點點，許多現狀，將會被破除，也將不復在。若未來的風險太大，我寧可維持現狀，畢竟，我冒不起失去你的風險。

這是必須平衡的天平，我必須在友情與愛情之間，做出選擇。別人都說我們很好，沒錯，我們是很好，只是這樣的「好」法，別人眼中讚賞，在我心中劃刀。

我們可以，不這麼好嗎？

我必須將我的感情地下化，不能顯露，不能有所表態，保護你，也保護我自己。我不需要擁有說愛你的勇氣，因為現在的我們，已經「夠好了」。我很希望滿足了，我一直告訴自己要滿足了。原來，那是一套多麼會令人想殺人的說詞。

也才發現，原來在愛情裡，我是你隱藏在暗處的，敵人。似乎想伺機而動，卻又遲遲不出手。想看出你的弱點，卻發現你才是我的弱點。卻算是敵人，我也不具有威脅性，因為這是個，最愛你的敵人。

我在ㄍㄧㄥ什麼？堅持什麼？其實也沒什麼好說的，你，才是決定一切的主導者，而我始終見不得光，我不是一個守護者，因為該守護的人不是我。

這所有的矛盾，時時刻刻在我心裡盤旋。愛你的我，到底是怎樣的一個我？你懂的，又是哪個我？我們再怎麼接近，也猶如海洋般寬闊地被隔開，不是不想靠近，是不能靠近。

看著你和他緊握的手，我知道，因為，我們是最好的朋友，只有這樣，才是最好的。

十年的愛情陰謀

十六歲的你，正值青春年華，天真單純。對於大你十多歲的我來說，你的純真，正是深深吸引我的因素。可是我知道，現在的你，不會對我有任何感覺。所有的人事物，對你來說，都是新鮮的，都是讓你想要去追逐的。

那麼，我就靜靜地，在你的背後，當你的依靠。無論你會不會將我當成是你的依靠。

當你傷心難過時，就算你不主動告訴我，我感受到了，就一定要把我的關懷，傳達給你。你需要的，無論是精神或物質上的，我都願意給你。就算你不開口，我只要感受到你的需求，就義不容辭。你雖不好意思接受，但還是接受了。

看著你一段又一段的感情，來來去去，心疼，更是不捨。你愛上的，是他們幸運；離開你的，是他們損失。你常感謝我對你的幫助，也喜歡問我許多的「為什麼」，而我總是能將你的疑問，完美的解答。

時間一年一年過去，我對你的情感，也只有一年一年加深。你越來越成熟，也越來越有魅力，身邊的追求者也越來越多，你也開始很有自己的想法。我擔心的只是，你離我越來越遠。所以，我必須更加擔負起，照顧你、愛護你的責任。

我想，這麼多年來，你是可以了解，我對你的好。雖然我並未明說，但我相信，你是懂的。只是，我並不是你感情的依歸。我雖難過，但只能化為力量，愛你的力量。

我想得到什麼？

我不斷地問自己這個問題。從你身上，我能得到什麼？你不會給我愛情，那麼你的肉體呢？我承認我一樣想得到，但總要有個最好的時機。不會影響到我們關係的時機。每一次自然的擁抱你，我的心就暖一次，同時，也碎一次。但我要忍著，因為，你願意讓我擁抱，已經是種進步了。

十年了，一轉眼就十年了。這一天，你遇到了人生中最大的難題，而我依然伸出援手，讓你度過這一關。只是這一次，我希望從你身上，收回些什麼了。這是個大好的機會，我向你開了口，我想，你也因為這份「恩情」，而沒有拒絕。但你開口問了我一句，令我愕然的話。

「你對我好了十年，要得到的就是我吧？現在，你有機會得到，可讓我覺得，這是你的深沉，我也了解了。」

當你說完，我不想解釋什麼，轉身離開。如果，愛你必須背負這樣的罪名，那就讓我背著吧！我不但心甘情願，更因為你，願意俯首認罪。就算，我什麼也沒得到過，剩下的，只是悲哀。

是啊，還期待著，愛情到來的那一天。

只是，這愛情，是從天堂來，或是從地獄來？

自知之明

「你條件不錯啊，為什麼到現在還是單身呢？」許多朋友問我這樣的問題。「那個誰誰誰那麼優，他不是也單身？你們又走那麼近，怎麼不考慮在一起？」

我的微笑，希望給個最適合的回答。

我條件哪有不錯？沒運動、沒健身、沒身材，誰會看得上我？就算很多人說，我長得不錯，我還是認為，那將不足以構成所謂的「條件」。說來，我還算是個有「自知之明」的人。這不是謙虛，而是實話。問我有沒有想過要改變，其實沒有想過。改變了和不改變，對我而言並不是太重要的事。畢竟，我還有太多想先完成的事情，等著我搶時間完成。

為什麼會有今天這樣的想法，說真的我也不曉得，正確的時間點或是發生的原因。或許是，遇過太多的人，了解了太多人的想法，漸漸地在我心裡累積而來的一種，算是體會吧！

「你不想讓自己變得更好嗎？改變一下，你會更有行情的。」有位朋友曾對我這麼說過。我回答他，「那麼，我改變後，你要追我嗎？」

這位朋友說：「說不定會唷！」我笑了笑。

這樣的「說不定」，說明了許多的事實。不確定性如此多的世代裡，我想最好控制的，就是自己了吧！至於別人的觀感，好像也就不那麼重要了。

總是會有羨慕、忌妒、自卑、埋怨的過程，但到了最後，好像都麻痺了，沒有感覺了，越來越雲淡風輕，或許在我心裡的這些因子，早就被「無所謂」取代了。我不認為那是一種悲哀，反而慶幸，我能找到一條，真正屬於自己的路，真正了解自己想要的是什麼。

是的，自己開心才是最重要的。我不追逐，不崇拜，只想超越自己，這樣就好了。誰說有「自知之明」不好，只是看「知」了以後，該怎麼做，才是我想去省思的。

給朋友的

是的，你說愛情讓你很幸福，很快樂。

你 MSN 上的狀態和顯示名稱，每天……，不，應該說是隨時隨地，都「記錄」著因為愛情，而讓你改變的心情。開心的、幸福的、埋怨的、憤怒的、失望的、沮喪的、甜蜜的……。

就像是在看瓊瑤的小說或戲劇般，有時纏綿悱惻，有時曲折離奇。

你什麼時候，變成這個樣子了？還是我從未認識過，在戀愛中的你？不過，我究竟認識你有多深，那一點也不重要，呵呵！

聽你抱怨了一些事，也聽你訴說許多幸福的模樣。氣憤的時候，除了難過，又恨不得將對方生吞活剝；甜蜜的時候，又恨不能馬上飛奔到他身邊，依偎著對方。在你因為愛而心情不好的時候，當然，站在一個朋友的立場，總是想關心一下。只是每一次在線上留了訊息，或是打了電話給你，總是沒有回應。

一次、兩次、三次，我還是選擇，不打擾，也是一種關心。

偶而，你會在事後告訴我，你們之間發生了什麼事。我聽了之後，總是微笑。因為，這樣的情節，好像一再地在你身上，發生、重演。是我習慣了，還是你習慣了？

有時，我會覺得，在你談戀愛前後，前後不到一個月的時間，我認識的，好像是兩個人。對了，我說過那不重要，呵呵。

我真的覺得，原本個性大剌剌的你，怎麼會突然細膩到這種程度。只要是有關於對方的所有小事情，你都在乎（嗯嗯，應該說，你都在乎的「要命」），「牽一髮而動全身」，真的，你的喜怒哀樂，都被他深深牽引著。

當然不只是你，我在許多朋友身上，也看到同樣的反應。愛情啊，真的會讓人的情緒波動。雖然說，可能大部分的人都一樣。但，正因為大部分人都一樣，所以常會因身在其中，而看不清楚狀況，更不要提到什麼分析判斷了。

每一次聽你抱怨，我總是想，抱怨完後，還不是愛的要命？每一次聽你訴說著幸福，我總是想，既然那麼愛，又何來抱怨？我想，在愛情裡的每個人，都很習慣，為自己、為對方，找到理由和答案。

呵，原諒我的誠實，在我看來，這些，都只是不成理由的理由，和沒有答案的答案。會在一起多久？會不會分手？那好像不是這些理由和答案可以決定的。是，你是很愛他，因為愛重了，一旦有了裂縫，反彈也會越重。只是造成裂縫的原因，說不定，只是一個留言，或是一通沒有接到的電話。

你因為愛，真的快樂嗎？我不曾問過你這個問題，也覺得這個問題的答案，由你口中說出來，也不會是最好的答案。我可以確定的是，只要你和他相安無事，就會快樂。有事，那就是一把火，延燒九重天了。

愛情沒有固定的形式，每一對情侶的相處方式也都不同。變數太多，所以無可預測，只能「見招拆招」、「隨機應變」了。這段感情，帶給你的，會是什麼，我想你自己知道就好了。至於我的想法，呵呵，不重要，不重要。

那麼，我也一定要祝你們長長久久，好好地幸福地走下去。

老天爺，會讓有情人，終成眷屬的。加油啊！

動物園裡提菜籃

這是我愛去的地方。這裡有許多和我一樣的人，我們快樂，我們寂寞，彼此陪伴，不用言語，就能交流。音樂、啤酒、昏黃的燈光，強烈的節奏，隨之擺動的身軀，滴落的汗水，時而碰觸到的肌膚，這樣的畫面構成，對我來說，是美好的。

午夜直到天明，認識的不認識的，也都和自己的興致無關。只是每一個眼神交會，都有不同的火花，吸引與絕緣，一目瞭然。我們都在掃瞄著，無論是不是目標，可以專心，可以恍神，無論是不是取決於自己的本意，皆屬自然。

天亮了，和幾位朋友一同去吃早餐。有位朋友問：「剛剛有沒有遇到你的天菜啊？」我搖搖頭，「什麼菜不菜，那是動物園，不是菜市場。」

其實，我倒覺得，那像是個動物園般，我們都是遊客，也都是動物。欣賞著也被欣賞著，花枝招展、爭奇鬥艷，無非是要吸引別人的目光。有些也會擺出高姿態，無論如何稱讚，仍是置之不理，不為所動。

真是要挑菜，那不是在動物園裡提菜籃，豈不怪哉？

「動物園？我看你不是遊客，也不是動物，最想當個『獵人』吧！」朋友打趣地說著。「菜市場的能試吃，甚至買回去吃，動物園的吃不到，所以我還是喜歡菜市場。」

吃到了之後呢？慾望滿足了，填了一餐溫飽，繼續得尋求下一餐，免得餓壞，甚至餓死。我肯定人類這樣的原始慾望，但久了，同樣索然無味。

「說不定可以遇到一個如意郎君唷！」朋友說的，我還是覺得聽聽便罷。

我不認為，在那兒可以尋得什麼愛情。無關樂觀、悲觀，或許我要的，並不會在那裡出現。你們不用懂太多，我也無所謂。至於我的愛情，我開始覺得，似乎，也沒那麼需要了。

我自己，會過得很好。

NO

原則

這是第幾個人，我已經忘了。

每一次總以為找到的那個「對的人」，總是還沒有開始，就被我宣判出局了。朋友說，我太挑了。事實上，我只認為那是自己的原則問題罷了。

如果對方是骨瘦如柴、幼稚不成熟、沒有正當工作職業，我都不會考慮。當然外型也是相當重要，我就是希望找到完全符合的人，這就是我的原則。就是要「寧缺勿濫」。

我高傲嗎？我並不覺得。每個人都有找尋理想條件的權利，我當然也可以拒絕人啊！只可惜，每次遇到的，永遠都少一樣，我也只能繼續尋找下去。

也有朋友說我「龜毛」，我當然也不覺得。總希望我降低點標準，別老是死守著那些原則，這樣是很難找到自己想要的。我承認是很難，但正因為困難，才更有價值，更有成就感，不是嗎？

別人說，找到適合的比較重要。在我的認知裡，只要符合我所有條件的，就是適合的。剩下的，我根本不用浪費時間理會。

我條件很好嗎？我不否認。但因為我有這樣的條件，所以我才希望擁有一個完美的另一半。我生活中的大小事都講原則，感情更不能例外。

就算我被拒絕了，我也不會吃回頭草。那是對方沒有眼光。

我最不喜歡遇到個性龜毛的人，那會直接被我扣到零分。

要就要，不要就不要，拖拖拉拉的，實在會令人不敢恭維。

終於，我遇到了一個，目前為止各方面，都堪稱完美的情人。但在一次的深談之中，我把我的想法和他分享，告訴他我的原則，我急於讓他更加地了解我。就在我迎接這一切美好到來的同時，他說了一句話。

「可惜，因為你的原則，讓我無法接受你。很抱歉。」

這猶如晴天霹靂，我不懂為什麼，為什麼要拒絕我？不過以我的原則，不要就算了，我是不會去追回的。

沒錯，我就是要堅守我的原則。沒有原則的人，又怎麼能在這社會上立足呢？我一直相信，只要時機到了，一定會有一個最完美的人，出現在我的面前。

單身的人都去死好了！

又是一場朋友的聚會，一樣是令人作嘔的感覺。

「沒辦法，我就是沒人要啊！」「不知道是第幾任了，就是沒一個適合的。」

又是這些陳腔濫調，永遠在訴說著自己單身的「悲情」。想要一個完美的伴，也不照照鏡子，自己到底是個什麼樣的人？

明明對方就是個好人，就是沒辦法好好把握。說什麼個性不合，我看明明是自己太黏，把人家嚇跑了吧？看看另一個，明明自己是個夜店女王，偏偏又希望找個居家好男人，真不知道，他們腦袋瓜在想些什麼。

這樣的抱怨聽久了，很膩，也很無趣。永遠在希望得到的同時，自身卻從未改變過，更扯的是，還一直渾然不知自己的缺點。

如果活的那麼痛苦，那麼這些單身的人，乾脆都去死一死好啦！不過我相信，無論到了天堂或地獄，還是一樣找不到自己想要的人吧！

所謂「愛情」這檔事如果真那麼簡單，我就不用在每次這樣的「單身聚會」中，總是用著不屑和鄙視的眼神，掃描著這些人了。說穿了，不就是想在夜裡，有個人可以抱著睡覺，有性需求的時候，有個人可以分享配合，然後再來談什麼心靈上的交流，或是一起成長之類的。

唉，偏偏就是有很多人，還是這麼想的。

在一起沒多久，又分手了；分開了沒多久，又有新的伴侶。一樣的循環，我用膝蓋都能想到的結局，這些人在這樣的過程中，或許早就習慣了吧！想要有個長久的伴，說不定，能在夢裡遇到就算不錯囉。

聽見他們打從心裡發出的吶喊：「給我一個男（女）朋友吧！」相信我，老天爺很忙，沒時間理你的。當然，我倒也不是那麼悲觀，每個人都有機會的。只不過，既然你們都在抱怨，乾脆你們兩個湊一對不就得囉？

我才不信這樣一直把自己「唱衰」的人，會有人愛，會有人喜歡……。好了，終於到了散場的時候，又渡過了一個無聊的夜晚，離開前，朋友拍拍我的肩膀問：「怎麼不找個伴陪你？」

我笑了笑，不想回應這個問題。

詐欺

是我笨嗎？還是他們說的善良？我不知道。

我不知道你的目的是什麼，我不知道你們已經在一起那麼久了，我不知道你從來沒有愛過我。的確，我什麼都不知道。

朋友說，「不知者無罪」，所以錯不在我。只是我同樣並沒有看到，錯在他身上。他依然過的很「幸福」，依然擁有著他所擁有的。當然相較之下，我卻兩手空空，什麼也沒有。

那麼，我的感情，就是被欺騙囉？那麼你就是一個愛情的騙子囉？只是我想起許多許多年前的一部電影，裡面女主角在法庭上說的：「詐欺金錢有罪，那詐欺愛情難道就無罪嗎？」

想不到，這樣的疑問，竟然會出現在此時此刻的我身上。沒有報應，沒有懲罰，欺騙愛情的人，似乎真的沒有任何報應。被欺騙愛情的人，卻必須承受許多傷痛，沒辦法，傷得深的，生活、工作、人際關係，全部都會受到影響。

這些損失，又能跟誰要呢？

我不知道有什麼法律，能夠保障所有因此為愛傷心的人。不公平的是，他們可以「逍遙法外」，被害者反而要受罪，是不是只能用眼淚救贖自己，或是隨著時間的消逝而慢慢復原。

所以不知者不但無罪，反而更受罪。說到這兒，我又傷感起來了。

你所謂的「真心話」，是經過包裝的，是有期限的。期限到了，什麼都被推翻，什麼都是假的。那才是「真相」。往往，真相總是最傷人的。

我實在不願意用「謊言」這個字眼，因為我實在不忍心，讓你的身分成為「騙子」。很矛盾吧！我承認自己對你的愛仍然存在，所以才更拉鋸，更痛苦。偏偏，你什麼都不知道，連聲對不起都沒有。

我永遠忘不了你離開的那一天，對我說的那句話：「你就是這樣，太單純了！」當你的眼神變得尖銳，我卻一句話也說不出口。我不知道怎麼反駁。

或許，真的是這樣，這是討不回的。我不知道我的刑期有多久，但我似乎只能選擇，沉默的接受。

你值得更好的！

今天，我很勇敢地，希望將心裡的感覺全告訴你。喝了些酒壯壯膽，雖然我不知道會有什麼結果，但我還是很想告訴你，我有多麼喜歡你。

自從認識你的第一天，就被你的一切深深吸引著。很努力地想了解你，想接近你。從陌生到朋友，一直到好朋友的階段，我都將心底這一份感情，好好收藏著。你也給了好朋友的體貼，就算只是一個微笑，我也會放大成，滿滿的幸福。

你一如往常，帶著親切的笑容來到我面前，還取笑我酒量不好，為什麼要喝酒。我身子暖暖的，心也暖暖的。

真的，你的微笑，真迷人。

「其實，我很喜歡你的。」也許是酒精作祟，突然冒出這句話。似乎，你並沒有太吃驚的表情。我多期待你的回答，是我想要的，那將會是，多麼美好的結果。

「你是個很不錯的朋友啊！」這樣的回應，我想雖然我也曾沙盤推演過，但畢竟不是我滿意的回答。「那……，你會對我有感覺嗎？」

你的視線移開了一會兒，對我說道：「你這麼好的人，我想，你值得更好的！」

不知怎麼著，這句話，竟讓我想掉淚。更好的？在我眼前的你，就是最好的啊！有誰比你更好呢？「值得」這兩字，猶如雙面刃，此時，是傷人至深的。我不知道該說什麼，是說謝謝？還是對不起？我沒有想法，是因為，我沒有想到，你會用這句話，來拒絕我。

是真心的？還是藉口？你的反應，似乎早知道我對你的情意，是早已準備好的說詞嗎？或是打從一開始，你就已經意識到，會有這一天的到來。這些思緒，急速地在我腦裡遊走，短短幾秒鐘，卻像是苦了好些年。

「好啦，我先走囉，你喝多了，早點睡吧！」不等我開口，你已經先將句點劃下。我依然說不出話來。原來，值不值得，從來都不是我決定的。

保存期限

食物必須保持新鮮，吃進身體才會健康。這是每個人都知道的道理。過了保存期限，就得丟棄。那麼，愛情的保存期限，會有多長呢？

很簡單，只要新鮮度沒了，就可以準備丟棄了。

你不斷地追求新鮮感，我可以了解你的感情觀。無論我再怎麼努力，也無法讓你對我重新擁有熱情。你的新鮮感，來得快去得也快。對我來說，更是傷上加傷。

你可以在一夜之間改變一切。晚上八點說愛我，早上八點就不需要我。心情就像洗三溫暖一樣，我除了概括承受，也別無他法。

你是如此，現代人很多都是如此。

有人念舊，對愛情的保存期限長，有時經過重新烹調，又能端出全新菜色。但再怎麼高明的廚藝，遇到口味多變的老饕，也有技窮的一天。

其實，我很害怕遇到這樣的人。對他而言，新鮮感就是對方的肉體，平時最難得到的地方。一旦得到了，心中就會冒出「原來也沒什麼」的句號，為這一切做個自以為完美的ENDING。

新鮮感還存在時，所有的甜言蜜語，所有的山盟海誓，所有的體貼都會一應俱全。保存期限到了，資源回收筒是唯一的去處。

你怎能，這樣對我？難道只因為你條件好，擁有許多選擇權，就能這樣傷害我嗎？亦或是，我只是你眾多豐富菜色的其中之一？你就從沒有過像這樣，被遺棄的感覺嗎？

嗯嗯，就是被遺棄的感覺，才更讓人覺得心酸。沒有嚐過這樣滋味的人，真的是不會懂的。乏味了，厭倦了，也只能用無奈形容。究竟要怎麼樣，才能保持在愛情的新鮮感，讓保存期限不斷加長？

我承認，目前為止，我還是不知道，該怎麼做到。那麼，是否就意味著，我的愛情，是隨時準備過期的了。

Days

這年頭，誰還看「內涵」啊？

剛參加完一群朋友所謂的「聯誼」，我看著他臉上並沒有太多喜悅。

「怎麼啦？有認識新朋友嗎？」我還是雞婆了一下，關心地問道。

他搖搖頭，感覺還挺沮喪的。是我問的不好嗎？還是我誘發了他什麼難過的因子？「怎麼了呢？說來聽聽嘛。」我還是一臉愉快地說著，試圖打破一些尷尬的局面。

「去的都是一些俊男美女，去那邊簡直就是自取其辱。」聽到他這麼說，不免我也為他抱了些不平。「你這麼有才氣，個性又好，大家應該都很喜歡和你相處吧！」

「是嗎？」我知道他開始要反駁我了。「這年頭，誰還看內涵啊？」他接著說，「沒有外表，沒有好的臉蛋，好的身材，沒有家世背景，甚至沒有錢，誰會理你啊？」這是趨勢，還是現實？這是我明知道的事情，可我心裡卻仍有個莫大的問號。

「我在想，那麼沒有你剛剛說的那些外在條件的人，是不是就註定孤獨終老一生了呢？」我實在是不想把這句話吞進去。

「我想不會，反正我們就別肖想那些很『優』的人，自己多少斤兩自己知道，就找和自己一樣的湊一對就好了。」看似很釋懷的話語，表情卻一點也不輕鬆。

「別這樣說，我覺得你真的很好啊！遇到懂欣賞你的人，才可貴啊！」我很堅信地說著。

「不用安慰我啦，只是每個人不都這樣嗎？以前就遇過說什麼不在乎外表身材的人，結果到最後還不是一樣，什麼談得來都是假的，當然就要認命啊！」

「你就這樣，認命了？」我的眼睛露出了光芒。

「現實如此，我還能如何？」他的笑容裡，充滿了無奈。

「那麼……，你為什麼要自己報名去參加那種聯誼呢？」

我想我不用知道那個答案，因為那答案，也不過是人之常情罷了。

217

不甘願

過了好一段時間，我已經忘了是幾個月了。我依然無法釋懷。

朋友問我，這次怎麼悶了這樣久，我也只能笑而不答。

為什麼，他最後會跟你在一起？我條件有比你差嗎？我和他先前也因為互相喜歡，而發生了關係。但是為什麼，他會選擇了你？心裡面許許多多的問號，我竟也沒有力氣去找答案，卻又矛盾地困在這樣的不甘願和不服氣之中。

你是如此普通，就算我自認不是多優的人，但怎麼也不會輸給你。感情路上，我想得到的，從沒有得到過。這一次，竟還要眼睜睜看著你們恩愛甜蜜。我雖沒問他原因，但我很清楚知道，他對我，是沒有「愛情」的感覺。是彼此一時衝動也好，是純粹誘惑發洩也好，但，怎麼也輪不到你啊！

你並不是個好情人。從朋友那兒打聽到，知道你對感情的態度是如何膚淺，知道你感情關係的複雜，可是，為什麼他依然會選擇了你？你是用什麼方式迷惑了他？這令我百思不解，也讓我對你感覺厭惡。

他是我最理想的對象，無論是外表內在，都是我心目中最好的模樣。與他纏綿的那一刻，我感到多麼的幸福，像夢一般，多麼地不想醒來。只是之後，我們再也沒有之後了。

所以，我決定改變自己，我要讓自己徹底的改頭換面。難道真的要「壞」，才會「有人愛」嗎？那麼除了要讓自己的外在更好，想法上，我也必須做個調整。我要讓你，也讓他知道，我才是最有資格，擁有他的人。

我沒事，我真的沒事，我會自己想通的。只要我變得更好，相信我就能得到我想要的。我會給自己一些時間，最後得到幸福的人，一定是我。我的確埋怨上天的不公平，所以，我要與天爭，我要證明，人定勝天。

看你們能好多久，我，拭目以待。我可以用我的不快樂，換你們的無法長久。這樣，也值得了。

後記

歷時兩年，終於完成了這本有別於以往的全新作品。

這段時間的確累積了很多不同的生活歷練，想法也有了不同的增減，我想，對我的創作來說，都是很好的能量。

感謝許多人的幫忙，出版社的大力支持，正道商請好美好美的小路來拍攝，真是莫大的驚喜！小光辛苦的設計，琡惠、佩茹兩位攝影師的鼎力相助，小豪、尚緯、光富、乃中、明緯、威廷、蘋容、竣傑、羿君、喬雯、沛倫、欣諭、聖芬、丹雅、宇心、彥杞眾多帥哥美女的入鏡，有你們，每張照片都有了豐富的故事！當然也不能漏掉佳真、宜珊和敏修的協助，讓一切能夠完美呈現。

還好這不是金馬獎，感謝名單念太多太長，麥克風就會自動往下降，可以讓小宏盡情的感謝（笑）！當然更要感謝自己家人的支持，讀者朋友們的不離不棄，還有身邊朋友的鼓勵，都是完成這本書的大功臣！

整本書至此，已經要告一段落了。我想每個人對這本作品都會有不同的觀感，無論從哪個角度切入，小宏都衷心感謝，能夠感受，然後感動，是小宏最大的心願。

愛情本就充滿顏色，有時絕對，有時調和，也因此而豐富。最後，期盼所有讀者好朋友們，在愛情的每一扇窗中，都能看見屬於自己的風景。下一次，我們再見囉！

呵小宏

國家圖書館出版品預行編目資料

愛情的，紅綠燈 / 呵小宏著. -- 二版. -- 臺北市 : 書泉, 2016.09
面； 公分
ISBN 978-986-451-071-9(平裝)
1. 戀愛 2. 通俗作品
544.37 105011666

3BC1

愛情的，紅綠燈

作　者 | 呵小宏 (241.5)
發 行 人 | 楊榮川
總 編 輯 | 王翠華
主　編 | 陳念祖
責任編輯 | 李敏華
內頁設計 | 陳威伸
封面設計 | 陳翰陞
出 版 者 | 書泉出版社
地　址 | 106 台北市大安區和平東路二段 339 號 4 樓
電　話 | (02)2705-5066
傳　真 | (02)2706-6100
網　址 | http://www.wunan.com.tw
劃撥帳號 | 01303853
戶　名 | 書泉出版社

經 銷 商 | 朝日文化事業有限公司
電　話 | (02)2249-7715
進退貨地址 | 新北市中和區橋安街 15 巷 1 號 7F

法律顧問 | 林勝安律師事務所　林勝安律師

出版日期 | 2010 年 8 月初版一刷
2016 年 9 月二版一刷
定　價 | 新臺幣 250 元

◎本書初版書名為「愛。定格」。
行政院新聞局局版臺業字第 1848 號